マイナンバー制度実務対応ハンドブック

はじめに

　本書は、マイナンバー制度に関して法人が最低限取り組まなければならないことは何かを図表を使いながらわかりやすく解説したハンドブックです。

　年末調整、従業員入社・退職事務、支払調書作成事務については旧様式と新様式の帳票・届出書を貼付してイメージが喚起できるようにしました。

　中小規模法人が無理なくできる安全管理措置の例として実際のQ&Aから特徴的な一例を掲げました。参考にしてください。

　巻末には規程類のひな型を添付してあります。ご利用ください。

　このハンドブックを利用されて法人の担当者がマイナンバーの安全管理について無理なく、実務対応されることの一助になれば幸いです。

2015(平成27)年10月吉日

辻・本郷 税理士法人
　理事長　本郷　孔洋

目次

1. マイナンバーを取り扱う事務の範囲とシステム　　　4
2. マイナンバー制度対応作業項目　　　5
3. マイナンバー制度導入後の定期作業項目　　　6
4. 安全管理措置の内容と対応方法　　　7〜13
5. 基本方針の策定　　　14
6. 取扱規程等の策定　　　15
7. 人事業務フロー①〜④　　　16〜17
8. 入社、源泉徴収票などの作成、退職、支払調書の作成　　　18〜19
9. 扶養親族の本人確認について　　　20〜21
10. 個人番号関係事務実施者が誰かの確認　　　22〜23
11. 出向、転籍、業務委託について　　　24〜25
12. マイナンバーに関する安全管理措置のレベル　　　26
13. マイナンバーに関する安全管理措置の管理者の明確化　　　27〜28
14. 特定個人情報保護委員会による監視・監督　　　29〜31
15. 罰則の強化　　　32
16. 委託先の監督　　　33
17. 個人情報保護に関するガイドライン　通知・公表・明示について　　　34〜35
18. 年末調整・扶養控除等（異動）申告書回収業務　　　36〜41
19. 源泉徴収票作成事務の範囲　　　42
20. 従業員入社・退職事務　　　43〜49
21. 支払調書作成事務　　　50〜54
22. お客さまからのお問い合わせ　　　55〜61
23. マイナンバー取得のために最低限必要な作業　　　62〜63
24. 就業規則の改訂（挿入案）　　　64〜66
25. マイナンバーの漏えい事案等が発生した場合　　　67〜69

規程類の ひな型 71〜89	72〜73	①特定個人情報取扱規程に関する管理体制チェックリスト（サンプル）
	74〜76	②特定個人情報の取扱いに関する事務チェックリスト（サンプル）
	77	③特定個人情報の取扱いに関する誓約書（ひな型）
	78	④個人番号利用目的通知書（ひな型）
	79	⑤国民年金の第3号被保険者の委任状（ひな型）
	80〜81	⑥特定個人情報等の適正な取扱いに関する基本方針（ひな型）
	82〜87	⑦特定個人情報取扱規程（ひな型）
	88〜89	⑧特定個人情報の取扱いに関する覚書（ひな型）

1 マイナンバーを取り扱う事務の範囲とシステム

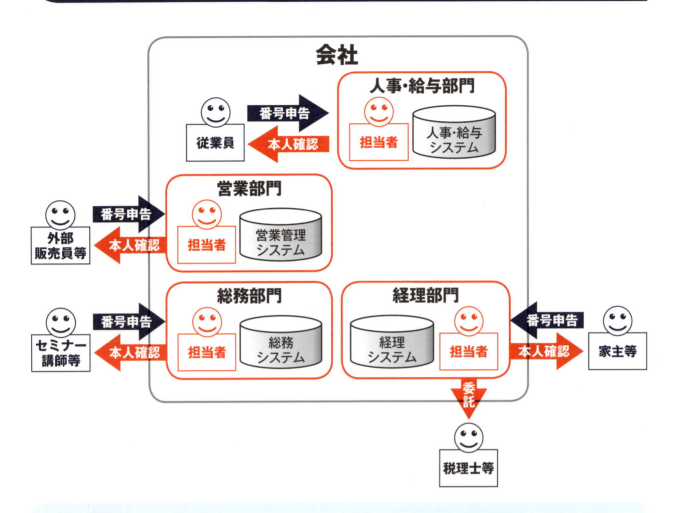

ここが勘どころ

- 最初にマイナンバーを受け入れる必要のある業務部門を把握しましょう。
- プロジェクトチームを人事・給与部門だけで構成されている場合がよくありますが、まず、マイナンバーを取り扱う事務の洗い出しをして人事・給与部門以外に取り扱う部門がないかを見極めてから決めましょう。人事・給与部門以外でマイナンバーを取り扱うケースでは次のような例があります。

事例1) フランチャイズチェーンなどの給与計算を本部の会社が行っているようなケースではフランチャイズチェーンなどの管理部門がマイナンバーの取り扱いで重要な部門になります。

事例2) 学会（法人格は公益社団法人あるいは一般社団法人）などでは職員数は少ないですが、セミナーの講師依頼の謝金などの報酬等の支払調書枚数が多いケースがあります。この場合は、人事・給与関連ではなく、総務あるいは経理部門がマイナンバーの取り扱いで重要な部門になります。

2 マイナンバー制度対応作業項目

従業員への対応

周知：住民票確認
周知：通知カードの保管
利用目的の通知
マイナンバーに関する教育
マイナンバー取得
身元確認
出向・転籍者への対応

組織の対応

プロジェクトチーム編成
取得対象者の洗い出し
取得対象者への通知とマイナンバーの取得
基本方針の策定と取扱規程の整備
安全管理措置の検討
社内情報システムへの対策
委託先・再委託先への対策の検討、監督

ここが勘どころ

- マイナンバー取得の際の本人確認では、番号確認と身元確認を行います。
- 個人番号カードではカードだけで、番号確認と身元確認ができます。
- 通知カードでは通知カードと身元確認書類が必要です。
- 2015年5月28日付自民党IT戦略特命委員会「マイナンバー制度利活用推進ロードマップ」によれば、個人番号カードの交付枚数は2016（平成28）年3月末1,000万枚、2019（平成31）年3月末8,700万枚と予定しています。大半の国民に行きわたるのは3年後です。従って、当面、通知カードと身元確認書類による本人確認が必要と思われます。
- なお、雇用関係にあるなど、人違いでないことが明らかと個人番号利用事務実施者（行政機関、地方公共団体等）が認めるときは、身元確認書類は不要です。

3 マイナンバー制度導入後の定期作業項目

定期作業の内容	実施の頻度
従業員教育	最低1年に1回
取扱規程の見直し	最低1年に1回
委託先の監督	随時
内部監査	最低1年に1回

- 支部・支社がある組織で支部・支社でマイナンバーや人事関係書類や支払調書を取り扱っている場合、支部・支社の従業員教育の徹底と内部監査が必要です。
- 支部・支社がある組織で入社内定者の人事書類とともにマイナンバー書類を受け取る場合、取り扱いに注意しなければいけません。従業員が数百人規模なら履歴書などの人事書類は支部・支社で受け取っても、マイナンバー関連の書類は支部・支社で受け取らず、本部・本社の事務取扱担当者が利用目的を通知して取得した方がいいでしょう。従業員が数千人規模なら支部・支社に事務取扱担当者や責任者を置いて対応することもあり得ます。
- 支部・支社がある組織で年末調整・扶養控除等（異動）申告書の従業員の扶養親族のマイナンバーは従業員に記入して提出していただくことになります。年末調整・扶養控除等（異動）申告書を支部・支社で回収して押印モレや記載事項の修正に対応されていた場合、従業員や扶養親族のマイナンバーをオープンにしていろいろな人が見られるようにするのは妥当な管理ではありません。今後は従業員が記載したら封筒に入れて糊付けして支部・支社のまとめる人に渡し、本部・本社でそろったら本部・本社の事務取扱担当者が押印モレや記載事項の修正に対応されようにした方がいいでしょう。もちろん、従業員が数千人規模なら支部・支社に事務取扱担当者や責任者を置いてそこで対応することもあり得ます。

4 安全管理措置の内容と対応方法

マイナンバーの適切な安全管理措置に組織としての対応が必要です。

【安全管理措置】
- 事業者は、マイナンバー及び特定個人情報の漏えい、滅失又は毀損の防止その他の適切な管理のために、必要かつ適切な安全管理措置を講じなければなりません。また、従業者に対する必要かつ適切な監督を行わなければなりません。
- 中小規模事業者に対する特例を設けることにより、実務への影響に配慮しています。

　事業者は、マイナンバーや特定個人情報の漏えい、滅失、毀損の防止その他の適切な管理のために、必要かつ適切な安全管理措置を講じなければなりませんし、従業者に対する必要かつ適切な監督を行わなければなりません。
　特定個人情報等の取扱いに当たっては、マイナンバーを取り扱う事務の範囲を明確化することが重要です。事業者が講ずべき安全管理措置の内容として、ガイドラインでは、基本方針の策定、取扱規程等の策定、組織的安全管理措置、人的安全管理措置、物理的安全管理措置、技術的安全管理措置を示しています。

- 「基本方針」では、特定個人情報の保護に関する基本理念を明確にし、法令遵守・安全管理・問合せ・苦情相談等に関する方針を定めることが重要です。
　なお、基本方針の策定は義務付けられてはいませんが、従業員等への周知・研修を行いやすくなるというメリットがあります。
- 「取扱規程等」とは、源泉徴収票や支払調書の作成等の事務で特定個人情報等を取扱う場合のマニュアルや事務フローなどの手順を示した文書で、従業員が容易に参照できるようにする必要があります。
- 「組織的」な措置とは、担当者を明確にして、担当者以外が特定個人情報等を取り扱うことが無いような仕組みを構築することです。
- 「人的」な措置とは、従業員の監督・教育です。
- 「物理的」な措置とは、特定個人情報等の漏えい・盗難等を防ぐ措置で、担当者以外が特定個人情報等を取り扱うことができないような工夫を行うことを指します。
　具体的には、壁又は間仕切り等の設置、のぞき見されない場所等の座席配置の工夫や、鍵付きのキャビネットに書類を保管することなどが考えられます。
- 「技術的」な措置とは、担当者を限定するためのアクセス制御を行うことや、ウィルス対策ソフトウェア等を導入し、最新の状態にアップデートしておくことなどを指します。ただし、事業者のうち従業員の数が100人以下の中小規模事業者の特例を設けており、実務への影響に配慮しています。

「マイナンバー　社会保障・税番号制度　民間事業者の対応　平成27年8月版」をもとに作成

4　安全管理措置の内容と対応方法

マイナンバーの保管（廃棄）にも制限があります。

【特定個人情報の保管制限】
○法律で限定的に明記された場合を除き、特定個人情報を保管してはなりません。

【特定個人情報の収集・保管制限（廃棄）】
○法律で限定的に明記された場合を除き、特定個人情報を収集又は保管することはできないため、社会保障及び税に関する手続書類の作成事務を処理する必要がなくなった場合で、所管法令において定められている保存期間を経過した場合には、マイナンバーをできるだけ速やかに廃棄又は削除しなければなりません。

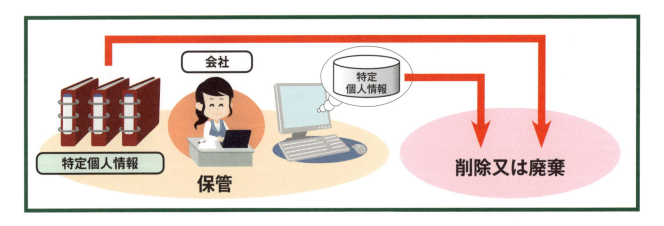

　マイナンバーをその内容に含む個人情報である特定個人情報は、法律で限定的に明記された場合を除き、保管してはならないとされており、法律で限定的に明記された事務を行う必要がある場合に限り、保管し続けることができます。
　また、マイナンバーが記載された書類等のうち所管法令によって一定期間保存が義務付けられているものは、その期間保管することとなります。
　例えば、雇用契約等の継続的な関係にある場合に、従業員等から提供を受けたマイナンバーを給与の源泉徴収事務、健康保険・厚生年金保険届出事務等のために翌年度以降も継続的に利用する必要が認められることから、特定個人情報を継続的に保管できると解されます。
　一方、法律で限定的に明記された場合を除き、特定個人情報を収集又は保管することはできないため、社会保障及び税に関する手続書類の作成事務を行う必要がなくなった場合で、所管法令で定められた保存期間を経過した場合、マイナンバーをできるだけ速やかに廃棄又は削除しなければなりません。
　なお、マイナンバーの部分を復元できない程度にマスキング又は削除した上で他の情報の保管を継続することは可能です。
　このように、マイナンバーの保管（廃棄）には制限があり、廃棄又は削除を前提として、紙の書類であれば廃棄が容易になるように年限別に管理することなどや、システムであれば、不要となったマイナンバーを削除するための仕組みを構築することなどが望ましいと考えられます。

「マイナンバー　社会保障・税番号制度　民間事業者の対応　平成27年8月版」をもとに作成

● 「安全管理措置の内容（本則）」が従業員101人以上、「中小規模事業者における対応方法」が従業員100人以下の事業者において安全管理措置はどこまでやればいいのかをガイドラインからまとめた表です。

安全管理措置の内容（本則）	中小規模事業者における対応方法
A 基本方針の策定 特定個人情報等の適正な取扱いの確保について組織として取り組むために、基本方針を策定することが重要である。	同左
B 取扱規程等の策定 事務の流れを整理し、特定個人情報等の具体的な取扱いを定める取扱規程等を策定しなければならない。	○特定個人情報等の取扱い等を明確化する。 ○事務取扱担当者が変更となった場合、確実な引継ぎを行い、責任ある立場の者が確認する。
C 組織的安全管理措置 事業者は、特定個人情報等の適正な取扱いのために、次に掲げる組織的安全管理措置を講じなければならない。	
a 組織体制の整備 安全管理措置を講ずるための組織体制を整備する。	○事務取扱担当者が複数いる場合、責任者と事務取扱担当者を区分することが望ましい。
b 取扱規程等に基づく運用 取扱規程等に基づく運用状況を確認するため、システムログ又は利用実績を記録する。	○特定個人情報等の取扱状況の分かる記録を保存する。
c 取扱状況を確認する手段の整備 特定個人情報ファイルの取扱状況を確認するための手段を整備する。 なお、取扱状況を確認するための記録等には、特定個人情報等は記載しない。	○特定個人情報等の取扱状況の分かる記録を保存する。
d 情報漏えい等事案に対応する体制の整備 情報漏えい等の事案の発生又は兆候を把握した場合に、適切かつ迅速に対応するための体制を整備する。 情報漏えい等の事案が発生した場合、二次被害の防止、類似事案の発生防止等の観点から、事案に応じて、事実関係及び再発防止策等を早急に公表することが重要である。	○情報漏えい等の事案の発生等に備え、従業者から責任ある立場の者に対する報告連絡体制等をあらかじめ確認しておく。
e 取扱状況の把握及び安全管理措置の見直し 特定個人情報等の取扱状況を把握し、安全管理措置の評価、見直し及び改善に取り組む。	○責任ある立場の者が、特定個人情報等の取扱状況について、定期的に点検を行う。

出典：平成27年2月16日　特定個人情報保護委員会事務局　「特定個人情報の適正な取扱いに関するガイドラインの概要」

4　安全管理措置の内容と対応方法

安全管理措置の内容（本則）	中小規模事業者における対応方法
D　人的安全管理措置 事業者は、特定個人情報等の適正な取扱いのために、次に掲げる人的安全管理措置を講じなければならない。	
a　事務取扱担当者の監督 事業者は、特定個人情報等が取扱規程等に基づき適正に取り扱われるよう、事務取扱担当者に対して必要かつ適切な監督を行う。	同左
b　事務取扱担当者の教育 事業者は、事務取扱担当者に、特定個人情報等の適正な取扱いを周知徹底するとともに適切な教育を行う。	同左
E　物理的安全管理措置 事業者は、特定個人情報等の適正な取扱いのために、次に掲げる物理的安全管理措置を講じなければならない。	
a　特定個人情報等を取り扱う区域の管理 特定個人情報等の情報漏えい等を防止するために、特定個人情報ファイルを取り扱う情報システムを管理する区域（以下「管理区域」という。）及び特定個人情報等を取り扱う事務を実施する区域（以下「取扱区域」という。）を明確にし、物理的な安全管理措置を講ずる。	同左
b　機器及び電子媒体等の盗難等の防止 管理区域及び取扱区域における特定個人情報等を取り扱う機器、電子媒体及び書類等の盗難又は紛失等を防止するために、物理的な安全管理措置を講ずる。	同左
c　電子媒体等を持ち出す場合の漏えい等の防止 特定個人情報等が記録された電子媒体又は書類等を持ち出す場合、容易に個人番号が判明しない措置の実施、追跡可能な移送手段の利用等、安全な方策を講ずる。 「持出し」とは、特定個人情報等を、管理区域又は取扱区域の外へ移動させることをいい、事業所内での移動等であっても、紛失・盗難等に留意する必要がある。	○特定個人情報等が記録された電子媒体又は書類等を持ち出す場合、パスワードの設定、封筒に封入し鞄に入れて搬送する等、紛失・盗難等を防ぐための安全な方策を講ずる。
d　個人番号の削除、機器及び電子媒体等の廃棄 個人番号若しくは特定個人情報ファイルを削除した場合、又は電子媒体等を廃棄した場合には、削除又は廃棄した記録を保存する。また、これらの作業を委託する場合には、委託先が確実に削除又は廃棄したことについて、証明書等により確認する。	○特定個人情報等を削除・廃棄したことを、責任ある立場の者が確認する。

安全管理措置の内容（本則）	中小規模事業者における対応方法
F 技術的安全管理措置 事業者は、特定個人情報等の適正な取扱いのために、次に掲げる技術的安全管理措置を講じなければならない。	
a アクセス制御 情報システムを使用して個人番号関係事務又は個人番号利用事務を行う場合、事務取扱担当者及び当該事務で取り扱う特定個人情報ファイルの範囲を限定するために、適切なアクセス制御を行う。	○特定個人情報等を取り扱う機器を特定し、その機器を取り扱う事務取扱担当者を限定することが望ましい。 ○機器に標準装備されているユーザー制御機能（ユーザーアカウント制御）により、情報システムを取り扱う事務取扱担当者を限定することが望ましい。
b アクセス者の識別と認証 特定個人情報等を取り扱う情報システムは、事務取扱担当者が正当なアクセス権を有する者であることを、識別した結果に基づき認証する。	○特定個人情報等を取り扱う機器を特定し、その機器を取り扱う事務取扱担当者を限定することが望ましい。 ○機器に標準装備されているユーザー制御機能（ユーザーアカウント制御）により、情報システムを取り扱う事務取扱担当者を限定することが望ましい。
c 外部からの不正アクセス等の防止 情報システムを外部からの不正アクセス又は不正ソフトウェアから保護する仕組みを導入し、適切に運用する。	同左
d 情報漏えい等の防止 特定個人情報等をインターネット等により外部に送信する場合、通信経路における情報漏えい等を防止するための措置を講ずる。	同左

出典：平成27年2月16日　特定個人情報保護委員会事務局　「特定個人情報の適正な取扱いに関するガイドラインの概要」

4　安全管理措置の内容と対応方法

- 「ヒント」は中小規模事業者が行う安全管理措置について具体的に書かれています。参考になります。

安全管理措置は、事業者の規模及び特定個人情報等を取り扱う事務の特性等により、適切な手法を採用してください。

中小規模事業者における対応方法	?ヒント?
A　基本方針の策定 特定個人情報等の適正な取扱いの確保について組織として取り組むために、基本方針を策定することが重要である。	▶基本方針の策定は義務ではありませんが、作ってあれば従業員の教育に役立ちます。
B　取扱規程等の策定 ○特定個人情報等の取扱い等を明確化する。 ○事務取扱担当者が変更となった場合、確実な引継ぎを行い、責任ある立場の者が確認する。	▶業務マニュアル、業務フロー図、チェックリスト等に、マイナンバーの取扱いを加えることも考えられます。
C　組織的安全管理措置 事業者は、特定個人情報等の適正な取扱いのために、次に掲げる組織的安全管理措置を講じなければならない。	
a　組織体制の整備 　　○事務取扱担当者が複数いる場合、責任者と事務取扱担当者を区分することが望ましい。	▶けん制効果が期待できる方法です。
b　取扱規程等に基づく運用 　c　取扱状況を確認する手段の整備 　　○特定個人情報等の取扱状況の分かる記録を保存する。	▶例えば、次のような方法が考えられます。 ・業務日誌等において、特定個人情報等の入手・廃棄、源泉徴収票の作成日、本人への交付日、税務署への提出日等の、特定個人情報等の取扱い状況等を記録する。 ・取扱規程、事務リスト等に基づくチェックリストを利用して事務を行い、その記入済みのチェックリストを保存する。
d　情報漏えい等事案に対応する体制の整備 　　○情報漏えい等の事案の発生等に備え、従業者から責任ある立場の者に対する報告連絡体制等をあらかじめ確認しておく。	▶業務遂行の基本、「ほうれんそう」(報告・連絡・相談)を確認しましょう。
e　取扱状況の把握及び安全管理措置の見直し 　　○責任ある立場の者が、特定個人情報等の取扱状況について、定期的に点検を行う。	▶事業者のリスクを減らすための方策です。
D　人的安全管理措置 事業者は、特定個人情報等の適正な取扱いのために、次に掲げる人的安全管理措置を講じなければならない。	
a　事務取扱担当者の監督 　　事業者は、特定個人情報等が取扱規程等に基づき適正に取り扱われるよう、事務取扱担当者に対して必要かつ適切な監督を行う。 　b　事務担当者の教育 　　事業者は、事務取扱担当者に特定個人情報等の適正な取扱いを周知徹底するとともに適切な教育を行う。	▶従業員の監督・教育は、事業者の基本です。従業員にマイナンバー4箇条を徹底しましょう。 ●取得・利用・提供のルール ●保管・廃棄のルール ●委託のルール ●安全管理措置のルール

中小規模事業者における対応方法	?ヒント?
E 物理的安全管理措置 事業者は、特定個人情報等の適正な取扱いのために、次に掲げる物理的安全管理措置を講じなければならない。	
a 特定個人情報等を取り扱う区域の管理 特定個人情報等の情報漏えい等を防止するために、特定個人情報ファイルを取り扱う情報システムを管理する区域（以下「管理区域」という。）及び特定個人情報等を取り扱う事務を実施する区域（以下「取扱区域」という。）を明確にし、物理的な安全管理措置を講ずる。	▶事業者の規模及び特定個人情報等を取り扱う事務の特性等によりますが、例えば、壁又は間仕切り等の設置及び覗き見されない場所等の座席配置の工夫等が考えられます。
b 機器及び電子媒体等の盗難等の防止 管理区域及び取扱区域における特定個人情報等を取り扱う機器、電子媒体及び書類等の盗難又は紛失等を防止するために、物理的な安全管理措置を講ずる。	▶事業者の規模及び特定個人情報等を取り扱う事務の特性等によりますが、例えば、書類等を盗まれないように書庫等のカギを閉める等が考えられます。
c 電子媒体等を持ち出す場合の漏えい等の防止 ○特定個人情報等が記録された電子媒体又は書類等を持ち出す場合、パスワードの設定、封筒に封入し鞄に入れて搬送する等、紛失・盗難等を防ぐための安全な方策を講ずる。	▶置き忘れ等にも気を付けましょう。
d 個人番号の削除、機器及び電子媒体等の廃棄 ○特定個人情報等を削除・廃棄したことを、責任ある立場の者が確認する。	▶事業者のリスクを減らすために大切です。
F 技術的安全管理措置 事業者は、特定個人情報等の適正な取扱いのために、次に掲げる技術的安全管理措置を講じなければならない。	
a アクセス制御 **b アクセス者の識別と認証** ○特定個人情報等を取り扱う機器を特定し、その機器を取り扱う事務取扱担当者を限定することが望ましい。 ○機器に標準装備されているユーザー制御機能（ユーザーアカウント制御）により、情報システムを取り扱う事務取扱担当者を限定することが望ましい。	▶担当者以外の者に勝手に見られないようにしましょう。
c 外部からの不正アクセス等の防止 情報システムを外部からの不正アクセス又は不正ソフトウェアから保護する仕組みを導入し、適切に運用する。	▶インターネットにつながっているパソコンで作業を行う場合の対策です。例えば、次のような方法が考えられます。 ・ウイルス対策ソフトウェア等を導入する。 ・機器やソフトウェア等に標準装備されている自動更新機能等の活用により、ソフトウェア等を最新状態にする。
d 情報漏えい等の防止 特定個人情報等をインターネット等により外部に送信する場合、通信経路における情報漏えいを防止するための措置を講ずる。	▶インターネットにつながっているパソコンで作業を行う場合の対策です。例えば、データの暗号化又はパスワードによる保護等が考えられます。

出典：平成27年4月14日　特定個人情報保護委員会事務局
「中小規模事業者向け　はじめてのマイナンバーガイドライン〜マイナンバーガイドラインを読む前に〜」

5 基本方針の策定

　特定個人情報等の適正な取扱いの確保について組織として取り組むために、基本方針を策定することが重要である。

≪手法の例示≫　●事業者の名称　●関係法令・ガイドライン等の遵守
　　　　　　　●安全管理措置に関する事項　●質問及び苦情処理の窓口　等

出典：平成26年12月11日　特定個人情報保護委員会「特定個人情報の適正な取扱いに関するガイドライン（事業者編）」

【例】

特定個人情報の基本方針

平成〇年〇月〇日

1. **事業者の名称**
   株式会社〇〇〇〇〇

2. **関係法令・ガイドライン等の遵守**
   行政手続における特定の個人を識別するための番号の利用等に関する法律及び関係法令を遵守して適正な取扱い方法を実施します。

3. **安全管理措置に関する事項**
   特定個人情報取扱規程を定め、必要かつ適切な安全管理措置を講じます。

4. **質問及び苦情処理の窓口**
   特定個人情報等の取扱いに関する質問及び苦情等のお問い合わせ先は以下のとおりです。

   担当部門　　　　　　担当者
   電話番号
   メールアドレス

- 「ヒント」に書かれているとおり、基本方針の策定は義務ではありませんが、法人の指針として従業員に周知することは大事です。

6 取扱規程等の策定

1. A～Cで明確化した事務において事務の流れを整理し、<u>特定個人情報等の具体的な取扱いを定める取扱規程等を策定しなければならない。</u>

> **1 安全管理措置の検討手順**
> A 個人番号を取り扱う事務の範囲の明確化
> B 特定個人情報等の範囲の明確化
> C 事務取扱担当者の明確化

≪手法の例示≫

※取扱規程等は、次に掲げる管理段階ごとに、取扱方法、責任者・事務取扱担当者及びその任務等について定めることが考えられる。具体的に定める事項については、C～Fに記述する安全管理措置を織り込むことが重要である。

① 取得する段階
② 利用を行う段階
③ 保存する段階
④ 提供を行う段階
⑤ 削除・廃棄を行う段階

> **安全管理措置**
> A 基本方針の策定　　B 取扱規程等の策定
> C 組織的安全管理措置　D 人的安全管理措置
> E 物理的安全管理措置　F 技術的安全管理措置

※源泉徴収票を作成する事務の場合、例えば、次のような事務フローに即して、手続を明確にしておくことが重要である。

① 従業員等から提出された書類等を取りまとめる方法
② 取りまとめた書類等の源泉徴収票等の作成部署への移動方法
③ 情報システムへの個人番号を含むデータ入力方法
④ 源泉徴収票等の作成方法
⑤ 源泉徴収票等の行政機関等への提出方法
⑥ 源泉徴収票等の本人への交付方法
⑦ 源泉徴収票等の控え、従業員等から提出された書類及び情報システムで取り扱うファイル等の保存方法
⑧ 法定保存期間を経過した源泉徴収票等の控え等の廃棄・削除方法　　等

出典：平成26年12月11日　特定個人情報保護委員会「特定個人情報の適正な取扱いに関するガイドライン（事業者編）」

- 事務フローに即して記載します。マイナンバーの事務取扱担当者や責任者を定めてからになります。マイナンバーの取り扱いにより事務フローの変更が必要になることがあります。手続を明確にするためには担当者の役割を明確にする必要があります。

7 人事業務フロー①〜④

■人事業務フロー①　マイナンバー取得・本人確認（入社時）

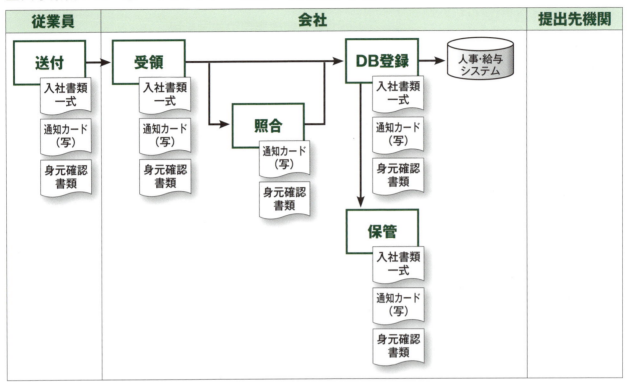

■人事業務フロー②　マイナンバーの転記

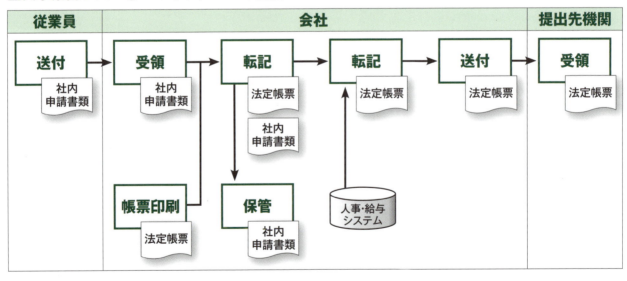

■人事業務フロー③　目的外利用の排除

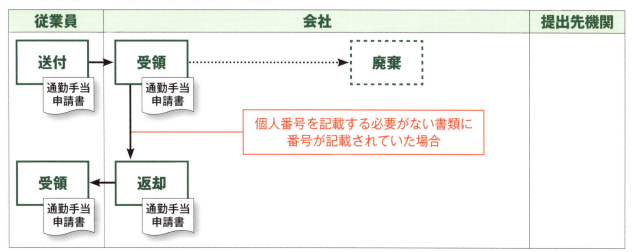

- 今までの業務に番号確認と身元確認が追加になります。
- 特に忘れがちなのが、新たにフローとして追加になる「人事業務フロー③　目的外利用の排除」です。マイナンバー法では利用目的が限定的に定められています。ガイドラインには「事業者は、社員の管理のために、個人番号を社員番号として利用してはならない。」とあります。従って、従業員が利用目的でない書類にマイナンバーを記載してきた場合、速やかに返却しなければなりません。

■人事業務フロー④　マイナンバーの廃棄・削除（退職時）

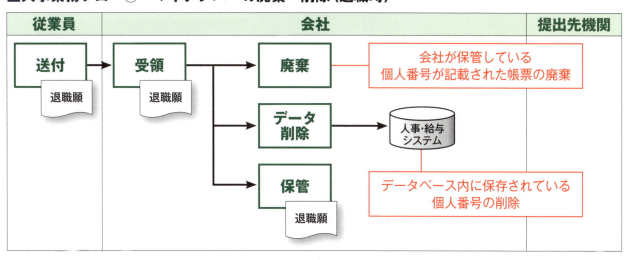

8 入社、源泉徴収票などの作成、退職、支払調書の作成

平成27年4月28日　特定個人情報保護委員会事務局　「小規模事業者必見!マイナンバーガイドラインのかんどころ～入社から退職まで～」をもとに作成

○社員からマイナンバーが記載された書類（扶養控除等申告書など）を取得しましょう。取得の際は、「源泉徴収票作成事務」「健康保険・厚生年金保険届出事務」「雇用保険届出事務」で利用することをお知らせ！
○社員からマイナンバーを取得したら、個人番号カードなどで本人確認を行いましょう。
○マイナンバーが記載されている書類は、カギのかかるところに大切に保管しましょう。
○マイナンバーが保存されているパソコンをインターネットに接続する場合は、最新のウィルス対策ソフトを入れておきましょう。

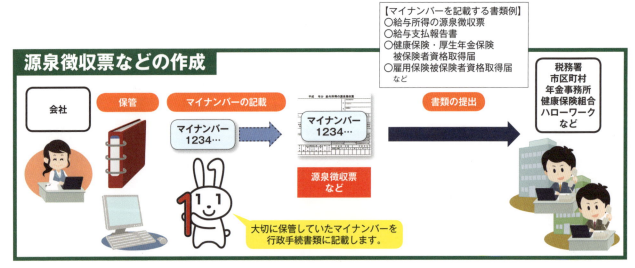

○マイナンバーを扱う人を決めておきましょう。
○マイナンバーの記載や書類を提出したら、業務日誌などに記録するようにしましょう。
○源泉徴収票の控えなど、マイナンバーの記載されている書類を外部の人に見られたり、机の上に出しっぱなしにしたりしないようにしましょう。

ここが勘どころ

● 「小規模事業者必見!」となっていますが、事務フローに沿って図でわかりやすく書いてある特定個人情報保護委員会の資料です。従業員教育にも役立つと思います。

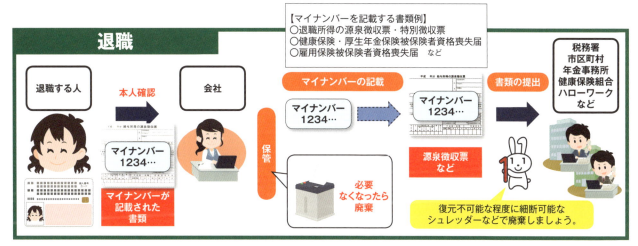

○退職所得の受給に関する申告書など、退職する人からもらう書類にマイナンバーが含まれています。
○退職の際にマイナンバーを取得した場合の本人確認は、マイナンバーが間違っていないか過去の書類を確認することで対応可能！
○保存期間が過ぎたものなど、必要がなくなったマイナンバーは廃棄しましょう。マイナンバーを書いた書類は、そのままゴミ箱に捨ててはいけません。

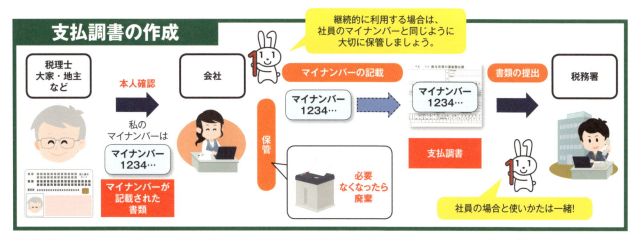

○税理士や大家・地主などからマイナンバーを取得しましょう。取得の際は、「支払調書作成事務」等で利用することをお知らせ！本人確認も忘れずに！
○気をつけることは、社員のマイナンバーと同じです。
　・カギのかかるところに大切に保管、最新のウィルス対策ソフトの導入
　・マイナンバーを使う人の特定、業務日誌などへの記録、机の上に出しっぱなしにしない
　・必要がなくなったマイナンバーは廃棄

9 扶養親族の本人確認について

扶養親族のマイナンバーの本人確認が必要	扶養親族のマイナンバーの本人確認は不要
国民年金の第3号被保険者の届出	**扶養控除等申告書**の届出
事業者への提出義務者 ⇒ **第3号被保険者** ※従業員は代理人などとなる	事業者への提出義務者 ⇒ **従業員**
本人確認の必要性	本人確認の必要性

出典：平成27年4月　厚生労働省「社会保障・税番号制度の導入に向けて（社会保障分野）〜事業主の皆様へ〜」

▶国民年金の第3号被保険者の届出事務に関する委任状の例

委任状

株式会社〇〇〇〇御中

私は、国民年金の第3号被保険者の届出事務に関して、私の配偶者であり、貴社の従業員である以下の者を代理人とし、貴社に個人番号を提供する権限を付与します。

平成〇年〇月〇日

　　　　　　　　　　　　　受任者　　　　（従業員名）

　　　　　　　　　　　　　委任者　　　　（従業員の配偶者名）

- 扶養控除等申告書は従業員が源泉徴収税の控除を受けるために勤務先に提出する書類です。そのため、従業員が個人番号関係事務実施者となって責任を持って家族のマイナンバーを記載します。従って、本人確認は不要です。一方、国民年金法の第3号被保険者（第2号被保険者である従業員等の配偶者）は第3号被保険者本人が事業者に提出することが国民年金法に定められています。そのため、国民年金第3号被保険者該当届の様式には、右下に配偶者の自署・押印欄が設定されています。このことから、従業員は配偶者の代理人として提出していることがわかります。そのため、マイナンバーに関しては勤務先の法人は配偶者の本人確認が必要になります。内閣官房の「本人確認の措置」の「Ⅱ.本人の代理人から個人番号の提供を受ける場合」によると「代理権の確認」で任意の委任状が必要になります。「代理人の身元の確認」では雇用関係にある場合は身元確認書類は不要になります。そして「本人の番号確認」として配偶者の通知カード（写し）が必要になります。

10 個人番号関係事務実施者が誰かの確認

ここが勘どころ

- マイナンバーが付番されるからといって全てが法人が取り扱う事務ではありません。その書類の申請者は誰なのか、利用目的は何なのかを考慮して法人が個人番号関係事務実施者ではない書類は預からないようにしないと目的外利用になってしまいます。以下の労災保険給付の事例を参考にしてください。

▶療養の給付請求書

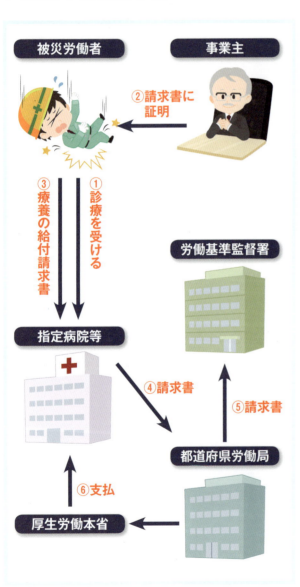

▶療養の費用・休業（補償）給付・障害（補償）給付・遺族（補償）給付・葬祭料（葬祭給付）・介護（補償）給付の各請求書

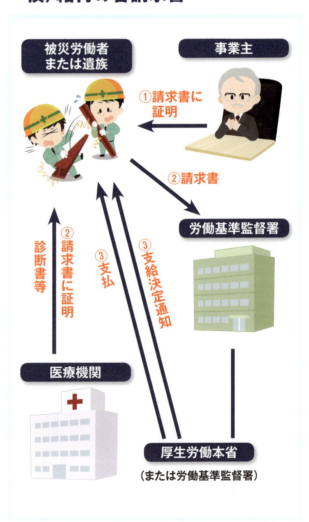

2015.3.25 厚生労働省「労災保険給付の概要」をもとに作成

▶二次健康診断等給付請求書

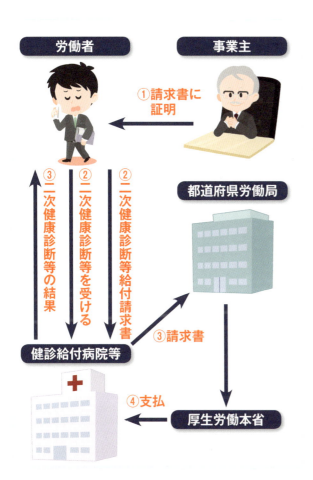

労災保険給付について

●療養の給付請求書にはマイナンバーが付番されませんが、年金給付には付番されます。しかし、労災の申請はいずれも本人申請で法人は証明しているにすぎません。従って、法人は個人番号関係事務実施者ではありません。労災の書類の写しを保管する場合はマイナンバーを記載しないか、復元できない程度にマスキングしてから保管しましょう。

参考になる見解
2015.9.30「内閣官房との質疑応答」

(質問)
労災保険についての確認です。労災保険については療養の給付請求書にはマイナンバーが付番されませんが、年金給付には付番されると伺っています。ただ、療養の費用・休業(補償)給付・遺族(補償)給付のいずれも本人もしくは遺族の申請で会社(事業主)は請求書に証明する位置づけです。また、雇用保険は事業主負担と労働者負担とで納付しており、従業員個別の届けが必要で、マイナンバーも雇用保険被保険者資格取得届に記載欄があります。一方、労災保険は全額、事業主負担で1年分の賃金総額に保険料率を乗じた金額を納付しており、従業員個別の届けは必要ありません。
上記の理由から労災保険について会社は個人番号関係事務実施者ではないと思っているのですが、間違いないでしょうか？あくまでも従業員本人が個人番号関係事務実施者で、労災保険届出事務や労災保険申請・請求事務や労災保険証明書作成事務は会社のマイナンバーの利用目的に入れる必要がないと思っていますが、それで間違いないでしょうか？

(回答)
御指摘のとおりです。
労災保険給付の請求は、あくまで本人が労働基準監督署に対して行うため、事業主が従業員の労災保険給付の請求に関してマイナンバーを取得することはありません(ただし、事業主が従業員の代理として労災保険給付を請求することはあり得、その場合、事業主は従業員のマイナンバーを(あくまで代理人として)扱うことになります。)。
また、労災保険については、御指摘のとおり、保険料の従業員負担はありませんので、保険料の徴収に当たり、事業主が従業員のマイナンバーを扱うことはありません。

11 出向、転籍、業務委託について

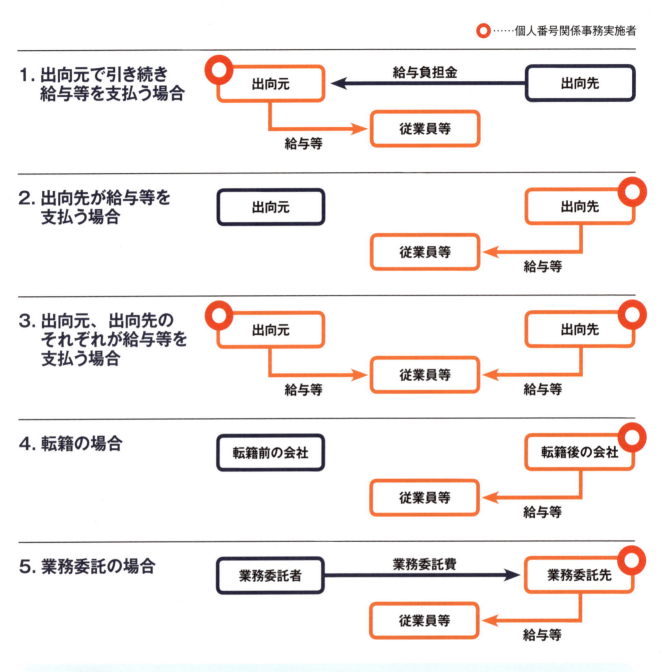

○……個人番号関係事務実施者

1. 出向元で引き続き給与等を支払う場合
2. 出向先が給与等を支払う場合
3. 出向元、出向先のそれぞれが給与等を支払う場合
4. 転籍の場合
5. 業務委託の場合

- 法人が個人番号関係事務実施者であるかどうかの見極めは申請書類の申請者は誰であるかを理解することが肝心です。従業員の給与等の源泉徴収票は給与を支払っている法人の申請業務です。従って、給与の支払い方法によって個人番号関係事務実施者は変わってきます。また、グループ子会社であっても異なる法人に従業員が所属するようになった時はマイナンバーを従業員から新たに取得する必要があります。法人間でのマイナンバーのやり取りは特定個人情報の提供の制限（マイナンバー法第19条）に抵触しますので、注意してください。

> **参考** 特定個人情報の適正な取扱いに関するガイドライン（事業者編）
> 第4-3-（2）個人番号の提供の求めの制限、特定個人情報の提供制限

2 特定個人情報の提供制限（番号法第19条）　　A「提供」の意義について

「提供」とは、法的な人格を超える特定個人情報の移動を意味するものであり、同一法人の内部等の法的な人格を超えない特定個人情報の移動は「提供」ではなく「利用」に当たり、利用制限（番号法第9条、第28条、第29条第3項、第32条）に従うこととなる。

なお、個人情報保護法においては、個人データを特定の者との間で共同して利用する場合には、第三者提供に当たらないとしている（個人情報保護法第23条第4項第3号）が、番号法においては、個人情報保護法第23条第4項第3号の適用を除外している（番号法第29条第3項）ことから、この場合も通常の「提供」に当たり、提供制限（同法第14条から第16条まで、第19条、第20条、第29条第3項）に従うこととなる。

※「提供」に当たらない場合

事業者甲の中のX部からY部へ特定個人情報が移動する場合、X部、Y部はそれぞれ甲の内部の部署であり、独立した法的人格を持たないから、「提供」には当たらない。例えば、営業部に所属する従業員等の個人番号が、営業部庶務課を通じ、給与所得の源泉徴収票を作成する目的で経理部に提出された場合には、「提供」には当たらず、法令で認められた「利用」となる。

※「提供」に当たる場合

事業者甲から事業者乙へ特定個人情報が移動する場合は「提供」に当たる。同じ系列の会社間等での特定個人情報の移動であっても、別の法人である以上、「提供」に当たり、提供制限に従うこととなるため留意が必要である。例えば、ある従業員等が甲から乙に出向又は転籍により異動し、乙が給与支払者（給与所得の源泉徴収票の提出義務者）になった場合には、甲・乙間で従業員等の個人番号を受け渡すことはできず、乙は改めて本人から個人番号の提供を受けなければならない。

※同じ系列の会社間等で従業員等の個人情報を共有データベースで保管しているような場合、従業員等が現在就業している会社のファイルにのみその個人番号を登録し、他の会社が当該個人番号を参照できないようなシステムを採用していれば、共有データベースに個人番号を記録することが可能であると解される。

※上記の事例において、従業員等の出向に伴い、本人を介在させることなく、共有データベース内で自動的にアクセス制限を解除する等して出向元の会社のファイルから出向先の会社のファイルに個人番号を移動させることは、提供制限に違反することになるので、留意する必要がある。

一方、共有データベースに記録された個人番号を出向者本人の意思に基づく操作により出向先に移動させる方法をとれば、本人が新たに個人番号を出向先に提供したものとみなすことができるため、提供制限には違反しないものと解される。なお、この場合には、本人の意思に基づかない不適切な個人番号の提供が行われないよう、本人のアクセス及び識別について安全管理措置を講ずる必要がある。

また、本人確認については、「行政手続における特定の個人を識別するための番号の利用等に関する法律施行規則」（平成26年内閣府・総務省令第3号。以下「番号法施行規則」という。）第4条又は代理人が行う場合は同施行規則第10条に従って手続を整備しておけば、本人確認に係る事務を効率的に行うことが可能と解される。

出典：平成26年12月11日　特定個人情報保護委員会　「特定個人情報の適正な取扱いに関するガイドライン（事業者編）」

12 マイナンバーに関する安全管理措置のレベル

マイナンバーに関する安全管理措置のレベル

	個人情報数5,000人未満	個人情報数5,000人以上
従業員数100人以下	レベル1 （中小規模事業者）	レベル3
従業員数101人以上	レベル2	レベル3

- 個人情報を多く扱っている事業者はマイナンバーを含む個人情報保護の安全管理措置を構築する必要があります。それらを考慮すると安全管理措置の厳密さは3段階あると考えられます。

個人情報保護法の適用対象ではない事業者においても番号法の適用

個人情報保護法の適用対象ではない事業者においても、番号法の適用があります。
【個人情報保護法の適用対象ではない事業者】
個人情報データベース等を事業の用に供している者（国の機関、地方公共団体、独立行政法人等及び地方独立行政法人を除く。）であって、個人情報データベース等を構成する個人情報によって認識される特定の個人の数（個人情報保護法施行令で定める者を除く。）の合計が過去6か月以内のいずれの日においても5,000を超えない者。

出典：平成27年2月16日 特定個人情報保護委員会事務局「特定個人情報の適正な取扱いに関するガイドラインの概要」

- 「中小規模事業者」からは、委託でマイナンバーを取り扱う税理士などは除外されます。また、個人情報取扱事業者（個人情報数5,000人以上を取り扱う事業者）も除外されます。

マイナンバー制度 中小規模事業者の特例

中小規模事業者 における対応方法
中小規模事業者については、事務で取り扱う個人番号の数量が少なく、また、特定個人情報等を取り扱う従業員が限定的であること等から、特例的な対応方法を示すものである。
なお、中小規模事業者が、手法の例示に記載した手法を採用することは、より望ましい対応である。

「中小規模事業者」とは、事業者のうち従業員の数が100人以下の事業者であって、次に掲げる事業者を除く事業者をいう。
- 個人番号利用事務実施者
- 委託に基づいて個人番号関係事務又は個人番号利用事務を業務として行う事業者
- 金融分野（金融庁作成の「金融分野における個人情報保護に関するガイドライン」第1条第1項に定義される金融分野）の事業者
- 個人情報取扱事業者

出典：平成26年12月11日 特定個人情報保護委員会「特定個人情報の適正な取扱いに関するガイドライン（事業者編）」

13 マイナンバーに関する安全管理措置の管理者の明確化

ここが勘どころ

- 各省庁の個人情報保護ガイドラインが2014(平成26)年12月12日の経済産業省を初めとして変更されています。その中で重要なのは安全管理措置の責任者を役員に任命することとしていることです。個人情報取扱事業者(個人情報数5,000人以上を取り扱う事業者)はマイナンバーも個人情報に含まれますので、マイナンバーの責任者は役員にすべきでしょう。個人情報取扱事業者(個人情報数5,000人以上を取り扱う事業者)ではない事業者はマイナンバーの責任者を取り扱う部門の部長・課長として差し支えありません。

個人情報事務取扱責任者の職位について　各省庁のガイドラインより

▶財務省

6.個人データの管理に関する義務
(2) 安全管理措置【法第20条関係】
　①責任の所在の明確化のための措置
　(例)
　・個人データの安全管理の実施及び運用に関する責任及び権限を有する個人情報保護管理者の設置
　　(例えば、役員などの組織横断的に監督することのできる者を任命する)

出典：平成27年3月27日財務省告示第91号「財務省所管分野における個人情報保護に関するガイドライン」

▶経済産業省

2.法令解釈指針・事例
2-2.個人情報取扱事業者の義務等
　2-2-3.個人データの管理(法第19条～第22条関連)
　2-2-3-2.安全管理措置(法第20条関連)
　組織的安全管理措置
　【各項目を実践するために講じることが望まれる手法の例示】
　①「個人データの安全管理措置を講じるための組織体制の整備」を実践するために講じることが望まれる手法の例示
　　・個人データの安全管理の実施及び運用に関する責任及び権限を有する者として、個人情報保護管理者(いわゆる、チーフ・プライバシー・オフィサー(CPO))を設置し、原則として、役員を任命すること

出典：平成26年12月12日厚生労働省・経済産業省告示第4号「個人情報の保護に関する法律についての経済産業分野を対象とするガイドライン」

参考	2015（平成27）年8,9月個人情報保護法及びマイナンバー法の改正による個人情報取扱事業者の定義変更

2015（平成27）年8月28日、9月3日に個人情報保護法及びマイナンバー法の改正案が参議院及び衆議院で可決されました。これにより個人情報の小規模取扱事業者への対応として「取り扱う個人情報が5,000人以下であっても個人の権利利益の侵害はありえるため、5,000人以下の取扱事業者へも個人情報保護法が適用されるようになります。」と改正になり、5,000人未満の緩和措置はなくなります。ただし、今回の改正法が実際に施行されるのは、公布の日から2年以内の政令で定める日とされています。最長2年の猶予があります。また、今回の個人情報保護法の改正案には下記の附則があり、今後、政令などで経過措置が発表されるものと思います。

改正法附則第11条
　個人情報保護委員会は、新個人情報保護法第8条に規定する事業者等が講ずべき措置の適切かつ有効な実施を図るための指針を策定するに当たっては、この法律の施行により旧個人情報保護法第2条第3項第5号に掲げる者が新たに個人情報取扱事業者になることに鑑み、特に小規模の事業者の事業活動が円滑に行われるよう配慮するものとする。

14 特定個人情報保護委員会による監視・監督

- 特定個人情報保護委員会は国家行政組織法第3条に基づいて設置された三条委員会です。三条委員会には公正取引委員会や国家公安委員会などがあります。三条委員会は独立性や公正中立性を求められる機関です。特定個人情報保護委員会は現状、職員を100名ほど有し、指導及び助言、勧告及び命令、報告及び立入検査などが業務です。

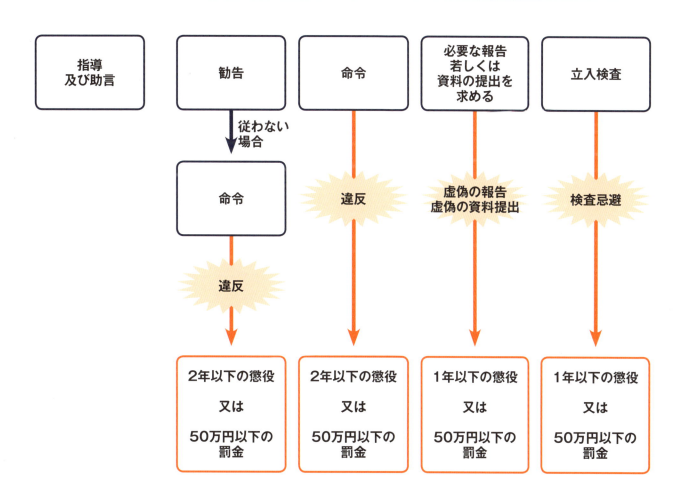

14 特定個人情報保護委員会による監視・監督

ここが勘どころ

- マイナンバー法第50条の逐条解説では事例として、同一の執務室内で同一の管理権者の下で保管されている給与関係ファイルと人事関係ファイルがあれば、マイナンバーが入っていない人事関係ファイルも確認して指導・助言を行うと記載されています。漏えいを防止するために業務フローに沿って管理することが求められています。

マイナンバー法 【第50条（指導及び助言）】

（指導及び助言）
第五十条　委員会は、この法律の施行に必要な限度において、個人番号利用事務等実施者に対し、特定個人情報の取扱いに関し、必要な指導及び助言をすることができる。この場合において、特定個人情報の適正な取扱いを確保するために必要があると認めるときは、当該特定個人情報と共に管理されている特定個人情報以外の個人情報の取扱いに関し、併せて指導及び助言をすることができる。

個人番号を利用する者には、例えば事業者でいえば、大企業から零細企業に至るまで幅広い形態の者が含まれることとなり、その中には、特定個人情報の取扱いについての知識を有せず、指導、助言を必要としている者がいると思われる。委員会は、そのような者などに対する助言、指導を行うことにより、特定個人情報の適切な取り扱いを実現することが求められており、本条はそれを規定するものである。

1　対象
　個人番号利用事務実施者及び個人番号関係事務実施者である。

2　指導、助言
　例えば、どのような安全確保措置を講じるべきかについて、取り扱う特定個人情報の性質、利用形態等を踏まえ、物理的保護措置（保管庫の施錠、立入制限等）、組織的保護措置（職員に対する教育、研修の実施等）、技術的保護措置（アクセス制限等）などの観点から、助言し、指導することが想定される。
　対象者からの要請に応じて指導、助言を行う場合と、特定個人情報保護委員会がその必要性を感知したことにより自ら行う場合の双方が考えられる。また、自己の個人番号が不当に取り扱われている旨の苦情を受けた場合に、これを契機として指導、助言を行うことも想定される。

3　特定個人情報以外の個人情報に対する指導、助言
　特定個人情報への指導、助言と併せて「特定個人情報と共に管理されている特定個人情報以外の個人情報」に対する指導、助言もすることができるとするものである。
　例えば、ある事業者に対する立入検査を実施する過程で、当該検査の直接の対象ではない部署において、同一の執務室内で同一の管理権者の下で保管されている給与関係ファイル（源泉徴収事務に利用するため個人番号を含む。）と人事関係ファイル（職歴、人事評価等が記録されており個人番号を含まない。）のうち、人事関係ファイル（特定個人情報ではない。）がずさんな管理下に置かれていることが発覚したケースが考えられる。このようなケースで、人事関係ファイル（特定個人情報ではない。）に対する指導、助言を行うことは、共に管理されている給与関係ファイル（特定個人情報である。）の漏えいを防止する効果を持つのであり、特定個人情報の適正な取扱いの確保に資するといえる。

出典：平成26年7月17日 内閣官房「マイナンバー法逐条解説」

参考	2015(平成27)年8,9月個人情報保護法及びマイナンバー法の改正による特定個人情報保護委員会の改組

2015(平成27)年8月28日、9月3日に個人情報保護法及びマイナンバー法の改正案が参議院及び衆議院で可決されました。これにより「内閣府の外局として個人情報保護委員会を新設(番号法の特定個人情報保護委員会を改組)し、現行の主務大臣の有する権限を集約するとともに、立入検査の権限等を追加。(なお、報告徴収及び立入検査の権限は事業所管大臣等に委任可。)」と改正になりました。

マイナンバー法の特定個人情報保護委員会に係る第6章(第36条から第57条まで)が個人情報保護法に移行することになります。すなわち、特定個人情報保護委員会を規定する法律名が変わり、条文番号が変更になります。また、特定個人情報保護員会は改組され、名称が個人情報保護委員会になります。個人情報保護委員会は2016(平成28)年1月に設置されます。

15 罰則の強化

- マイナンバー法は個人情報保護法と比較するとかなり、罰則が強化されています。マイナンバーは行政等が利用する情報です。事業者が利用目的外に利用するのは目的外利用となります。また、他の人に利用目的外で提供することは禁止されていて、提供した場合、罰則があります。(①)マイナンバー法の中で「特定個人情報ファイルの不正提供」(①)は行為の悪質性、想定される被害の大きさ等に照らし、マイナンバー法の中で最も重い法定刑となっています。

項番	行為	番号法	個人情報保護法の類似規定
①	個人番号関係事務又は個人番号利用事務に従事する者又は従事していた者が、正当な理由なく、特定個人情報ファイルを提供	4年以下の懲役若しくは200万円以下の罰金又は併科(第67条)	―
②	上記の者が、不正な利益を図る目的で、個人番号を提供又は盗用	3年以下の懲役若しくは150万円以下の罰金又は併科(第68条)	―
③	情報提供ネットワークシステムの事務に従事する者又は従事していた者が、情報提供ネットワークシステムに関する秘密を漏えい又は盗用	同上(第69条)	―
④	人を欺き、人に暴行を加え、人を脅迫し、又は、財物の窃取、施設への侵入、不正アクセス等により個人番号を取得	3年以下の懲役又は150万円以下の罰金(第70条)	―
⑤	国の機関の職員等が、職権を濫用して、専らその職務の用以外の用に供する目的で、特定個人情報が記録された文書等を収集	2年以下の懲役又は100万円以下の罰金(第71条)	―
⑥	委員会の委員等が、職務上知り得た秘密を漏えい又は盗用	同上(第72条)	―
⑦	委員会から命令を受けた者が、委員会の命令に違反	2年以下の懲役又は50万円以下の罰金(第73条)	6月以下の懲役又は30万円以下の罰金(第56条)
⑧	委員会に対する、虚偽の報告、虚偽の資料提出、検査拒否等	1年以下の懲役又は50万円以下の罰金(第74条)	30万円以下の罰金(第57条)
⑨	偽りその他不正の手段により個人番号カード等を取得	6月以下の懲役又は50万円以下の罰金(第75条)	―

出典:平成26年12月11日 特定個人情報保護委員会「特定個人情報の適正な取扱いに関するガイドライン(事業者編)」

16 委託先の監督

- 再委託は委託者の許諾の上、行わなければなりません。従前の契約で、再委託が認められていても改めて再委託先が十分な安全管理措置を講ずることのできる適切な業者かどうかを確認する必要があります。

必要かつ適切な監督

「必要かつ適切な監督」には、
　①委託先の適切な選定
　②委託先に安全管理措置を遵守させるために必要な契約の締結
　③委託先における特定個人情報の取扱状況の把握
が含まれる。

委託先の選定については、
委託者は、委託先において、番号法に基づき委託者自らが果たすべき安全管理措置と同等の措置が講じられるか否かについて、あらかじめ確認しなければならない。

具体的な確認事項としては、
　● 委託先の設備
　● 技術水準
　● 従業者(注)に対する監督・教育の状況
　● その他委託先の経営環境等
が挙げられる。

委託契約の締結については、
契約内容として、
　● 秘密保持義務
　● 事業所内からの特定個人情報の持出しの禁止
　● 特定個人情報の目的外利用の禁止
　● 再委託における条件
　● 漏えい事案等が発生した場合の委託先の責任
　● 委託契約終了後の特定個人情報の返却又は廃棄
　● 従業者に対する監督・教育
　● 契約内容の遵守状況について報告を求める規定等
を盛り込まなければならない。

また、これらの契約内容のほか、
　● 特定個人情報を取り扱う従業者の明確化
　● 委託者が委託先に対して実地の調査を行うことができる規定等
を盛り込むことが望ましい。

(注)「従業者」とは、
事業者の組織内にあって直接間接に事業者の指揮監督を受けて事業者の業務に従事している者をいう。具体的には、従業員のほか、取締役、監査役、理事、監事、派遣社員等を含む。

出典：平成26年12月11日　特定個人情報保護委員会　「特定個人情報の適正な取扱いに関するガイドライン（事業者編）」

17 個人情報保護に関するガイドライン 通知・公表・明示について

ここが勘どころ

● 各省の個人情報保護ガイドラインに「通知」や「利用目的の明示」について記載されています。従業員などに利用目的の通知を行う場合、参考にしてください。当該本人が確認できる状況で、本人に認識される合理的かつ適切な方法で直接知らしめなければなりません。

「公表」とは

【適切に「公表」している例】
(1) 会社のホームページのうちアクセスが容易な場所への掲載
(2) 従業員に対する回覧板への現従業員に係る雇用管理情報の利用目的の掲載
(3) パンフレット、社内報等の配布
(4) 従業員が定期的に見ると想定される事業所内の掲示板への掲示

「本人に通知」とは

【適切に「本人に通知」している例】
(1) 面談において、口頭で伝達し又はちらし等の文書を渡すこと
(2) 当該本人であることを確認できていることを前提として、電話により口頭で知らせること
(3) 退職者等で遠隔地に在住する者に対して、文書を郵便等で送付すること、又は電子メール、FAX等のうち本人が常時使用する媒体により送信すること

【「本人に通知」しているとはいえない例】
(1) 当該本人であることを確認できていない状況下において、電話により口頭で知らせること
(2) 現住所が正確に把握できていない者に対し、文書を郵便等で送付し、無事届いたか否かにつき事後的な確認及び必要な対応を行わないこと
(3) 電子メールを常時使用する者でない者に対し、電子メールを送信すること

出典：2012.5.14 厚生労働省「雇用管理分野における個人情報保護に関するガイドライン：事例集」

2-1-7.「本人に通知」

法第18条第1項
個人情報取扱事業者は、個人情報を取得した場合は、あらかじめその利用目的を公表している場合を除き、速やかに、その利用目的を、本人に通知し、又は公表しなければならない。
その他、法第18条第3項・第4項第1号～第3号等に記述がある。

「本人に通知」とは、本人に直接知らしめることをいい、事業の性質及び個人情報の取扱状況に応じ、内容が本人に認識される合理的かつ適切な方法によらなければならない。

【本人への通知に該当する事例】
事例1) 面談においては、口頭又はちらし等の文書を渡すこと。
事例2) 電話においては、口頭又は自動応答装置等で知らせること。
事例3) 隔地者間においては、電子メール、ファックス等により送信すること、又は文書を郵便等で送付すること。
事例4) 電話勧誘販売において、勧誘の電話において口頭の方法によること。
事例5) 電子商取引において、取引の確認を行うための自動応答の電子メールに記載して送信すること。

出典：2014.12.12 経済産業省「個人情報の保護に関する法律についての経済産業分野を対象とするガイドライン」

2-1-8.「公表」

法第18条第1項
個人情報取扱事業者は、個人情報を取得した場合は、あらかじめその利用目的を公表している場合を除き、速やかに、その利用目的を、本人に通知し、又は公表しなければならない。
その他、法第18条第3項・第4項第1号～第3号等に記述がある。

「公表」とは、広く一般に自己の意思を知らせること（国民一般その他不特定多数の人々が知ることができるように発表すること）をいう。ただし、公表に当たっては、事業の性質及び個人情報の取扱状況に応じ、合理的かつ適切な方法によらなければならない。
特に雇用管理情報は、機微に触れる情報を含むため、事業者は、自らの置かれた状況に応じ、労働者等に内容が確実に伝わる媒体を選択する等の配慮を行うものとする。

【公表に該当する事例】
事例1）　自社のウェブ画面中のトップページから1回程度の操作で到達できる場所への掲載、自社の店舗・事務所内におけるポスター等の掲示、パンフレット等の備置き・配布等
事例2）　店舗販売においては、店舗の見やすい場所への掲示によること。
事例3）　通信販売においては、通信販売用のパンフレット等への記載によること。

出典：2014.12.12 経済産業省「個人情報の保護に関する法律についての経済産業分野を対象とするガイドライン」

2-1-9.「本人に対し、その利用目的を明示」

法第18条第2項
個人情報取扱事業者は、前項の規定にかかわらず、本人との間で契約を締結することに伴って契約書その他の書面（電子的方式、磁気的方式その他人の知覚によっては認識することができない方式で作られる記録を含む。以下この項において同じ。）に記載された当該本人の個人情報を取得する場合その他本人から直接書面に記載された当該本人の個人情報を取得する場合は、あらかじめ、本人に対し、その利用目的を明示しなければならない。ただし、人の生命、身体又は財産の保護のために緊急に必要がある場合は、この限りでない。

「本人に対し、その利用目的を明示」とは、本人に対し、その利用目的を明確に示すことをいい、事業の性質及び個人情報の取扱状況に応じ、内容が本人に認識される合理的かつ適切な方法によらなければならない。

【利用目的の明示に該当する事例】
事例1）　利用目的を明記した契約書その他の書面を相手方である本人に手渡し、又は送付すること（契約約款又は利用条件等の書面（電子的方式、磁気的方式その他人の知覚によっては認識することができない方式で作られる記録を含む。）中に利用目的条項を記載する場合は、例えば、裏面約款に利用目的が記載されていることを伝える、又は裏面約款等に記載されている利用目的条項を表面にも記述する等本人が実際に利用目的を目にできるよう留意する必要がある。）
事例2）　ネットワーク上においては、本人がアクセスした自社のウェブ画面上、又は本人の端末装置上にその利用目的を明記すること（ネットワーク上において個人情報を取得する場合は、本人が送信ボタン等をクリックする前等にその利用目的（利用目的の内容が示された画面に1回程度の操作でページ遷移するよう設定したリンクやボタンを含む。）が本人の目にとまるようその配置に留意する必要がある。）

出典：2014.12.12 経済産業省「個人情報の保護に関する法律についての経済産業分野を対象とするガイドライン」

18 年末調整・扶養控除等（異動）申告書回収業務

ここが勘どころ

- マイナンバー関係事務として法人が必ず、対応しなければならないのは年末調整です。「平成28年分 給与所得者の扶養控除等（異動）申告書」がマイナンバーを従業員に記入してもらう書類です。この書類からマイナンバー取得が必要になりますが、この書類は2017（平成29）年1月末までに提出する源泉徴収票のための書類なので、それまでに安全管理措置を準備してマイナンバーを取得すればいいということです。

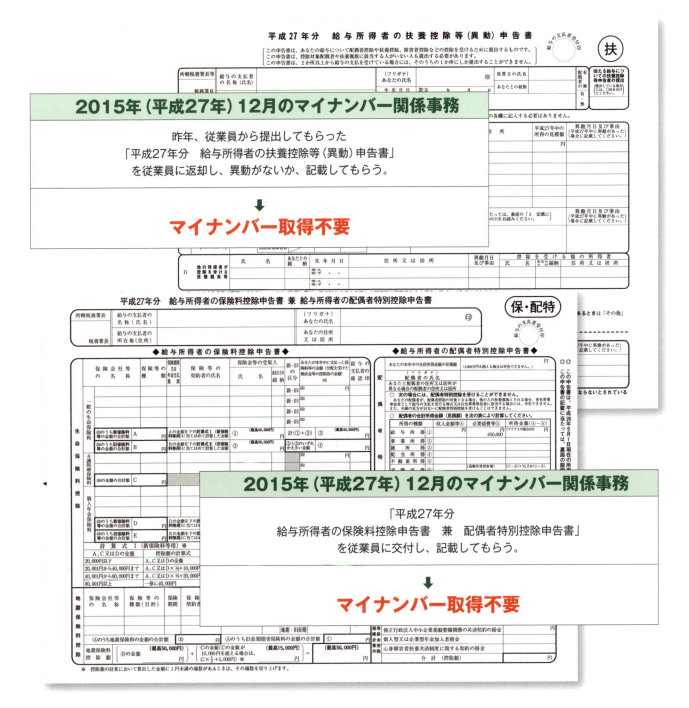

2015年（平成27年）12月のマイナンバー関係事務

昨年、従業員から提出してもらった
「平成27年分　給与所得者の扶養控除等（異動）申告書」
を従業員に返却し、異動がないか、記載してもらう。

→ **マイナンバー取得不要**

2015年（平成27年）12月のマイナンバー関係事務

「平成27年分
給与所得者の保険料控除申告書　兼　配偶者特別控除申告書」
を従業員に交付し、記載してもらう。

→ **マイナンバー取得不要**

[申告書イメージ]

平成28年分　給与所得者の扶養控除等(異動)申告書

- 給与の支払者の名称：東京国税商事　株式会社
- 給与の支払者の法人(個人)番号：9876543210987
- 給与の支払者の所在地(住所)：東京都中央区築地5－×－×
- あなたの氏名：国税 太郎（コクゼイ タロウ）
- あなたの個人番号：123456789012
- 生年月日：昭和45年1月20日
- 世帯主の氏名：国税 太郎
- あなたとの続柄：本人
- あなたの住所又は居所：東京都千代田区霞ヶ関3－×－×
- 所轄税務署等：京橋
- 市区町村長：千代田

控除対象配偶者
- 国税 花子　234567890123

控除対象扶養親族
1. 国税 一郎　345678901234
2. 国税 次郎　456789012345

注記：
- 給与の支払者の「個人番号又は法人番号」を付記します。
- 給与所得者の「個人番号」を記載します。
- 控除対象配偶者や扶養親族の「個人番号」を記載します。

※ 平成27年5月末現在の様式イメージであり、今後変更となる場合があります。最新の情報は、国税庁ホームページをご確認ください。

出典：平成27年6月12日 国税局・税務署「法定調書提出義務者・源泉徴収義務者となる事業者のための社会保障・税番号制度の概要」

2015年(平成27年)12月のマイナンバー関係事務

「平成28年分　給与所得者の扶養控除等(異動)申告書」を従業員に交付し、記載してもらう。

↓

マイナンバー取得必要
(従業員及び扶養親族、ただし、扶養親族の本人確認は不要)

「平成28年分　給与所得者の扶養控除等(異動)申告書」

↓

マイナンバー取得必要

ただし、マイナンバー取得に関しては、中途退職者を除き、平成29年1月末までに提出する源泉徴収票に記載すればいい。

内閣官房ホームページ「マイナンバー社会保障・税番号制度」よくある質問(FAQ)

Q 4-2-1
従業員などのマイナンバー(個人番号)は、いつまでに取得する必要がありますか?

A 4-2-1
従業員にマイナンバーが通知されて以降マイナンバーの取得は可能ですが、マイナンバーを記載した法定調書などを行政機関などに提出する時までに取得すればよく、必ずしも平成28年1月のマイナンバーの利用開始に合わせて取得する必要はありません。例えば、給与所得の源泉徴収票であれば、平成28年1月の給与支払いから適用され、中途退職者を除き、平成29年1月末までに提出する源泉徴収票からマイナンバーを記載する必要があります。(2015年4月回答)

18 年末調整・扶養控除等(異動)申告書回収業務

新様式 源泉所得税関係
給与所得者の扶養控除等(異動)申告書

平成28年分 給与所得者の扶養控除等(異動)申告書

源泉所得税関係　給与所得者の扶養控除等（異動）申告書

【ポイント】
1 給与所得者（従業員等）の手続
①給与所得者は、平成28年1月以後に提出する扶養控除等申告書から、給与所得者本人の個人番号を記載します。

※給与の支払者は、平成28年分の扶養控除等申告書の提出を平成27年中に受ける場合であっても、給与所得者に対し、当該申告書に個人番号の記載をするよう求めても差し支えありません。

②給与所得者本人の個人番号以外に、控除対象配偶者や扶養親族についても、個人番号の記載が必要です。

2 給与の支払者（雇用主）の手続
①給与の支払者は、扶養控除等申告書の提出を受ける際に、次のいずれかの書類により、番号法に定める本人確認を行う必要があります。
・給与所得者本人の個人番号カード
・給与所得者本人の通知カード及び免許証などの写真付身分証明書

※給与所得者の本人確認は給与の支払者が行う必要がありますが、控除対象配偶者や扶養親族の本人確認は給与所得者が行うこととなります。
※過去に本人確認と同等の措置を行ったことがある雇用関係にある者から個人番号の提供を受ける場合で、その者を対面で確認することによって本人であることが確認できる場合は身元確認不要です。

②給与の支払者は、平成28年1月以後に提出を受ける扶養控除等申告書から、給与の支払者の個人番号又は法人番号を記載します。

※給与の支払者の番号は扶養控除等申告書の提出を受けた後に記載しますが、法人番号については、一般に公表されているため、あらかじめ給与の支払者の法人番号を印字した扶養控除等申告書を給与所得者に配付することとしても差し支えありません。

出典：平成27年8月31日 国税庁　「国税分野における社会保障・税番号制度導入に伴う各種様式の変更点」を一部改変

- 「※過去に本人確認と同等の措置を行ったことがある雇用関係にある者から個人番号の提供を受ける場合で、その者を対面で確認することによって本人であることが確認できる場合は身元確認不要です。」を追記し、一部改変しました。
雇用関係にある場合は身元確認不要なので、番号確認のための通知カードの確認だけで問題ありません。

18 年末調整・扶養控除等（異動）申告書回収業務

給与所得の源泉徴収票と給与支払報告書（旧様式）

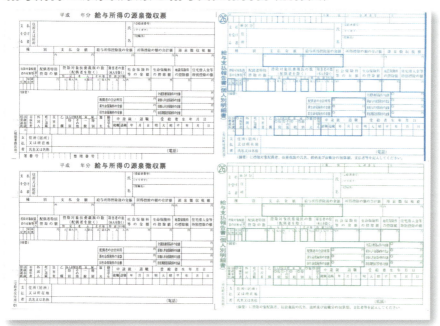

新様式案　法定調書関係　給与所得の源泉徴収票

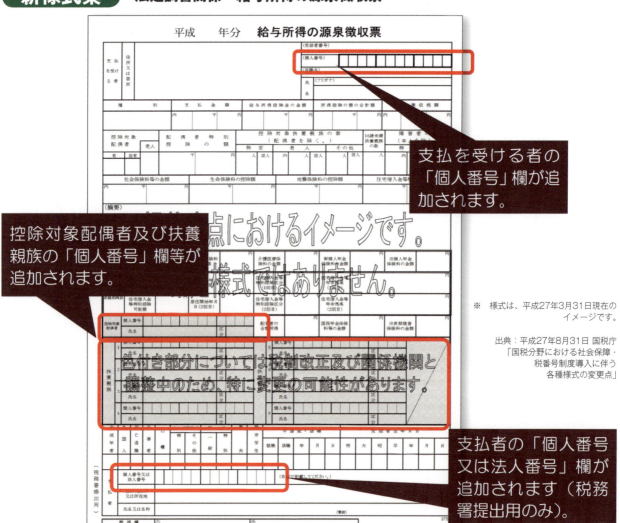

支払を受ける者の「個人番号」欄が追加されます。

控除対象配偶者及び扶養親族の「個人番号」欄等が追加されます。

支払者の「個人番号又は法人番号」欄が追加されます（税務署提出用のみ）。

※　様式は、平成27年3月31日現在のイメージです。

出典：平成27年8月31日 国税庁
「国税分野における社会保障・税番号制度導入に伴う各種様式の変更点」

法定調書関係　給与所得の源泉徴収票

【ポイント】
①平成28年分以後の源泉徴収票から、支払者の個人番号又は法人番号を記載して提出します（個人番号（12桁）を記載する場合は、先頭の1マスを空欄にして、右詰めで記載してください。）。
　※受給者交付用の源泉徴収票については、支払者の「個人番号又は法人番号」欄はなく、記載不要です。
②支払を受ける者の個人番号を記載します。
③控除対象配偶者及び扶養親族の個人番号を記載します。
④給与所得者の扶養控除等（異動）申告書の提出を受けることにより個人番号の提供を受ける場合、支払者は、支払を受ける者の個人番号カード等により、本人確認を行う必要があります。なお、控除対象配偶者及び扶養親族の本人確認は、支払を受ける者が行います。
　※過去に本人確認と同等の措置を行ったことがある雇用関係にある者から個人番号の提供を受ける場合で、その者を対面で確認することによって本人であることが確認できる場合は身元確認不要です。
⑤提出する方（支払者）が個人の場合には、番号法に定める本人確認のため、次のいずれかの書類の添付をお願いします。
　・提出者本人の個人番号カードの写し
　・提出者本人の通知カードの写し及び免許証などの写真付身分証明書の写し
　なお、提出する方（支払者）が法人の場合には、上記書類の添付は不要です。
⑥様式のサイズは、現行のA6サイズからA5サイズに変更されます。

出典：平成27年8月31日 国税庁 「国税分野における社会保障・税番号制度導入に伴う各種様式の変更点」を一部改変

- 「※過去に本人確認と同等の措置を行ったことがある雇用関係にある者から個人番号の提供を受ける場合で、その者を対面で確認することによって本人であることが確認できる場合は身元確認不要です。」を追記し、一部改変しました。
雇用関係にある場合は身元確認不要なので、番号確認のための通知カードの確認だけで問題ありません。

19　源泉徴収票作成事務の範囲

- マイナンバーを利用できる事務については、マイナンバー法によって限定的に定められていますが、統一的な書式や次の業務で行うことの前処理と考えられる給与支払報告書や退職所得の特別徴収票や扶養控除申告書などでマイナンバーを取得することは源泉徴収票作成事務に含まれます。業務フローに即して利用目的を限定することが大切です。あまり、細かく、列挙する必要はありません。

特定個人情報保護委員会　「マイナンバーガイドラインQ&A」

Q　1-2
利用目的の特定の事例として「源泉徴収票作成事務」が記載されていますが、「源泉徴収票作成事務」には、給与支払報告書や退職所得の特別徴収票も含まれると考えてよいですか。

A　1-2
給与支払報告書、退職所得の特別徴収票は、源泉徴収票と共に統一的な書式で作成することとなることから、「源泉徴収票作成事務」に含まれるものと考えられます。

（参考）源泉徴収と特別徴収

源泉徴収は所得税を給与や報酬から控除する場合を言います。
個人の住民税の場合は特別徴収、
社会保険料（健康保険、厚生年金保険料など）や雇用保険料等の場合は単に徴収と言います。
総括して天引きとも呼ばれます。

特定個人情報保護委員会　「マイナンバーガイドラインQ&A」

Q　1-2-2
扶養控除等申告書に記載されている個人番号を、源泉徴収票作成事務に利用することはできますか。

A　1-2-2
扶養控除等申告書に記載された個人番号を取得するに当たり、源泉徴収票作成事務がその利用目的として含まれていると解されますので、個人番号を源泉徴収票作成事務に利用することは利用目的の範囲内の利用として認められます。
（平成27年4月追加）

20 従業員入社・退職事務

入社　社会保障分野書類

雇用保険被保険者資格取得届
（旧様式）

新様式案

雇用保険被保険者資格取得届

ここが勘どころ

- 雇用保険は税分野と同様に2016（平成28）年1月1日提出分からマイナンバーを記載することになります。

20 従業員入社・退職事務

入社 社会保障分野書類

健康保険・厚生年金保険 被保険者資格取得届（旧様式）

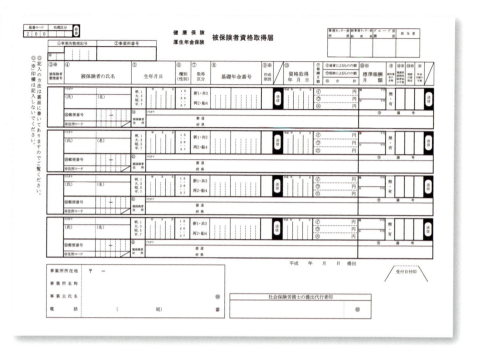

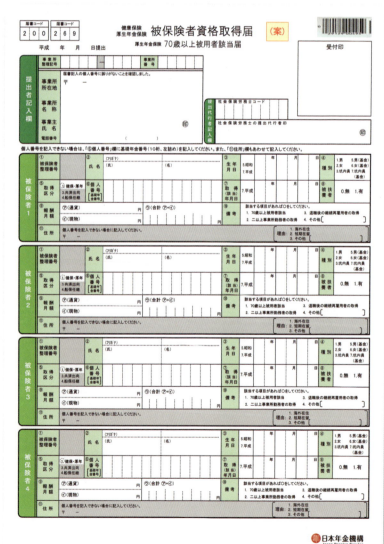

新様式案

施行日
平成29年1月1日提出分～

健康保険・厚生年金保険
被保険者資格取得届

ここが勘どころ

- 健康保険、厚生年金保険は2017（平成29）年1月1日提出分からマイナンバーを記載することになります。

入社 社会保障分野書類

健康保険被扶養者（異動）届（旧様式）

国民年金第3号被保険者該当届（旧様式）

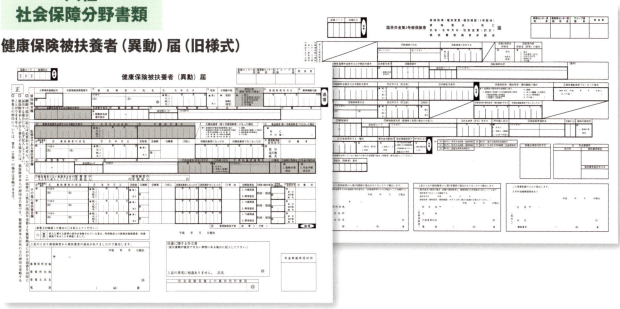

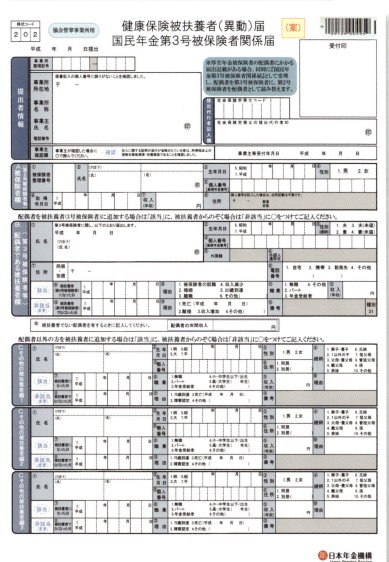

新様式案

施行日
平成29年1月1日提出分〜

健康保険被扶養者（異動）届
国民年金第3号被保険者関係届

ここが勘どころ

- 健康保険、厚生年金保険は2017（平成29）年1月1日提出分からマイナンバーを記載することになります。

20 従業員入社・退職事務

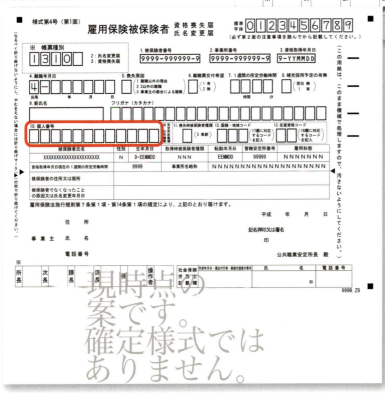

退職　社会保障分野書類

雇用保険被保険者
資格喪失届
氏名変更届
（旧様式）

給与所得者の扶養控除等

新様式案

雇用保険被保険者
資格喪失届
氏名変更届

※現時点の案です。確定様式ではありません。

ここが勘どころ

- 雇用保険は税分野と同様に2016（平成28）年1月1日提出分からマイナンバーを記載することになります。

退職
社会保障分野書類

**健康保険・厚生年金保険
被保険者資格喪失届
（旧様式）**

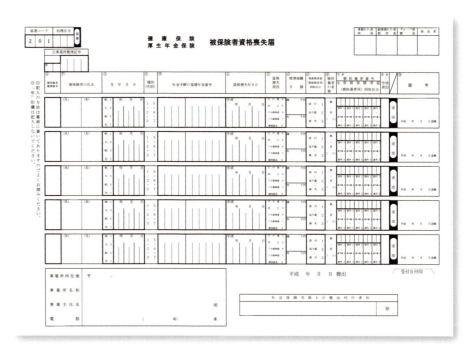

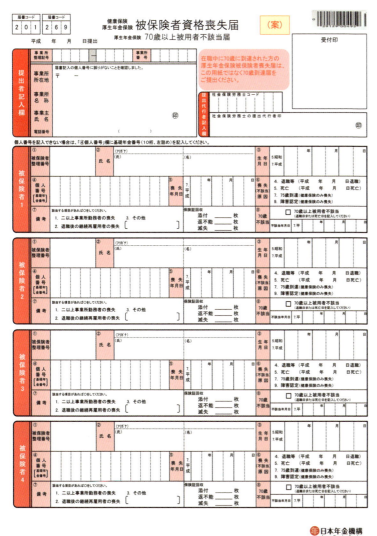

新様式案

施行日
平成29年1月1日提出分～

**健康保険・厚生年金保険
被保険者資格喪失届**

ここが勘どころ

- 健康保険、厚生年金保険は2017（平成29）年1月1日提出分からマイナンバーを記載することになります。

20 従業員入社・退職事務

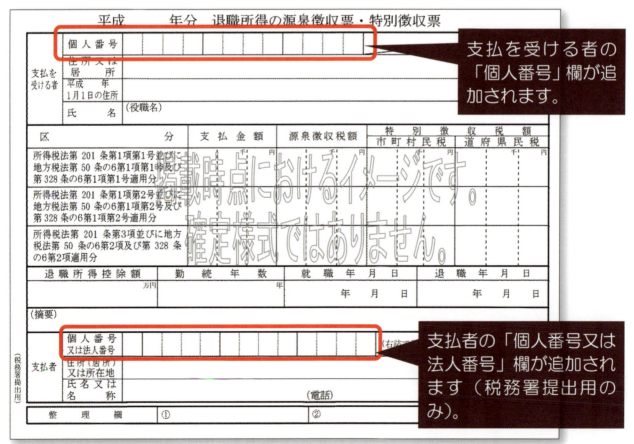

退職 税務分野書類

退職所得の源泉徴収票・特別徴収票（旧様式）

給与支払報告・特別徴収にかかる給与所得者異動届出書（旧様式）

新様式案 退職所得の源泉徴収票

支払を受ける者の「個人番号」欄が追加されます。

支払者の「個人番号又は法人番号」欄が追加されます（税務署提出用のみ）。

※ 様式は、平成27年3月31日現在のイメージです。

出典：平成27年8月31日 国税庁 「国税分野における社会保障・税番号制度導入に伴う各種様式の変更点」

法定調書関係　退職所得の源泉徴収票

【ポイント】

①平成28年分以後の源泉徴収票から、支払者の個人番号又は法人番号を記載して提出します（個人番号（12桁）を記載する場合は、先頭の1マスを空欄にして、右詰めで記載してください。）。

　※受給者交付用の源泉徴収票については、支払者の「個人番号又は法人番号」欄はなく、記載不要です。

②支払を受ける者の個人番号を記載します。

③退職所得の受給に関する申告書の提出を受けることにより個人番号の提供を受ける場合、支払者は、受給者の個人番号カード等により、本人確認を行う必要があります。

　※過去に本人確認と同等の措置を行ったことがある雇用関係にある者から個人番号の提供を受ける場合で、その者を対面で確認することによって本人であることが確認できる場合は身元確認不要です。

④提出する方（支払者）が個人の場合には、番号法に定める本人確認のため、次のいずれかの書類の添付をお願いします。

　・提出者本人の個人番号カードの写し
　・提出者本人の通知カードの写し及び免許証などの写真付身分証明書の写し

なお、提出する方（支払者）が法人の場合には、上記書類の添付は不要です。

出典：平成27年8月31日 国税庁　「国税分野における社会保障・税番号制度導入に伴う各種様式の変更点」を一部改変

- 「※過去に本人確認と同等の措置を行ったことがある雇用関係にある者から個人番号の提供を受ける場合で、その者を対面で確認することによって本人であることが確認できる場合は身元確認不要です。」を追記し、一部改変しました。
雇用関係にある場合は身元確認不要なので、番号確認のための通知カードの確認だけで問題ありません。

21 支払調書作成事務

支払調書

報酬、料金、契約金及び賞金の支払調書（旧様式）

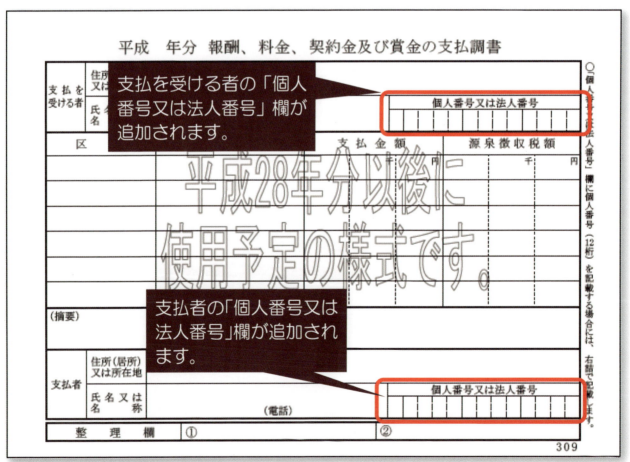

新様式　報酬、料金、契約金及び賞金の支払調書

- 支払を受ける者の「個人番号又は法人番号」欄が追加されます。
- 支払者の「個人番号又は法人番号」欄が追加されます。

※ 様式は、平成28年分以後使用予定の確定分の様式です。

出典：平成27年8月31日 国税庁 「国税分野における社会保障・税番号制度導入に伴う各種様式の変更点」

報酬、料金、契約金及び賞金の支払調書

【ポイント】
①平成28年分以後の支払調書から、支払者の個人番号又は法人番号を記載して提出します。
②支払を受ける者の個人番号又は法人番号を記載します（個人番号（12桁）を記載する場合は、先頭の1マスを空欄にして、右詰めで記載してください。）。
③支払者は、支払調書を作成する前までに支払を受ける者の個人番号又は法人番号の提供を受ける必要があります。個人番号の提供を受ける場合には、個人番号カード等により、本人確認を行う必要があります。
④提出する方（支払者）が個人の場合には、番号法に定める本人確認のため、次のいずれかの書類の添付をお願いします。
　　・提出者本人の個人番号カードの写し
　　・提出者本人の通知カードの写し及び免許証などの写真付身分証明書の写し
　なお、提出する方（支払者）が法人の場合には、上記書類の添付は不要です。
　　　（注）支払を受ける者に支払調書の写しを交付する場合には、番号法の規定により、支払を受ける者及び支払者の個人番号は記載できませんのでご注意ください。

出典：平成27年8月31日 国税庁　「国税分野における社会保障・税番号制度導入に伴う各種様式の変更点」

● 講演料などの報酬で同一人に対するその年中の支払金額の合計額が5万円以下の場合は提出義務がありません。支払調書の控えの保管期間7年間はマイナンバーを保管する必要があります。マイナンバーの保管数をなるべく減らし、漏えいリスクを小さくするために同一人に対するその年中の支払金額の合計額が5万円以下の場合は支払調書を作成しないようにしましょう。

「報酬、料金、契約金及び賞金の支払調書」の提出範囲　［平成26年4月1日現在法令等］

「報酬、料金、契約金及び賞金の支払調書」を提出しなければならない方は、外交員報酬、税理士報酬など所得税法第204条第1項各号並びに所得税法第174条第10号及び租税特別措置法第41条の20に規定されている報酬、料金、契約金及び賞金の支払をする方です。
「報酬、料金、契約金及び賞金の支払調書」の提出範囲は、次のようになっています。
（1）外交員、集金人、電力量計の検針人及びプロボクサー等の報酬、料金、バー、キャバレー等のホステス等の報酬、料金、広告宣伝のための賞金については、同一人に対するその年中の支払金額の合計額が50万円を超えるもの
（2）馬主に支払う競馬の賞金については、その年中の1回の支払賞金額が75万円を超えるものの支払いを受けた者に係るその年中のすべての支払金額
（3）プロ野球の選手などに支払う報酬、契約金については、その年中の同一人に対する支払金額の合計額が5万円を超えるもの
（4）弁護士や税理士等に対する報酬、作家や画家に対する原稿料や画料、講演料等については、同一人に対するその年中の支払金額の合計額が5万円を超えるもの
（5）社会保険診療報酬支払基金が支払う診療報酬については、同一人に対するその年中の支払金額の合計額が50万円を超えるもの

提出範囲の金額については、消費税及び地方消費税の額を含めて判断しますが、消費税及び地方消費税の額が明確に区分されている場合には、その額を含めないで判断しても差し支えありません。
なお、法人（人格のない社団等を含みます。）に支払われる報酬・料金等で源泉徴収の対象とならないものや支払金額が源泉徴収の限度額以下であるため源泉徴収をしていない報酬、料金等についても、支払調書の提出範囲に該当する場合には支払調書を提出する必要があります。

出典：「国税庁タックスアンサーNo.7431」より抜粋

21　支払調書作成事務

支払調書

不動産の
使用料等の
支払調書（旧様式）

新様式　不動産の使用料等の支払調書

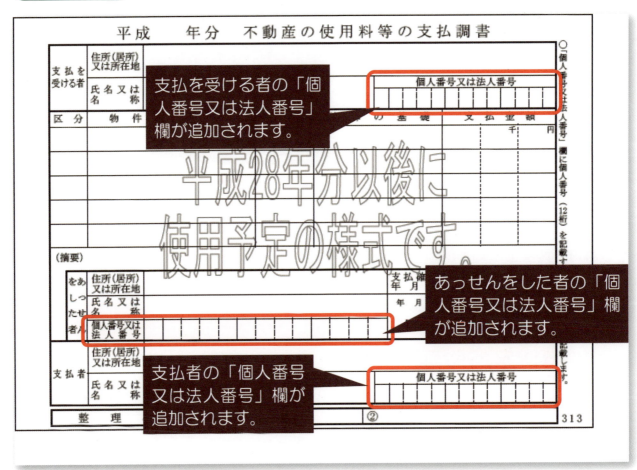

※　様式は、平成28年分以後使用予定の確定分の様式です。
※　不動産等の譲受けの対価の支払調書及び不動産等の売買又は貸付けのあっせん手数料の支払調書についても同様です。

出典：平成27年8月31日 国税庁　「国税分野における社会保障・税番号制度導入に伴う各種様式の変更点」

不動産の使用料等の支払調書

【ポイント】
①平成28年分以後の支払調書から、支払者の個人番号又は法人番号を記載して提出します。
②支払を受ける者やあっせんをした者（あっせんに係る支払も記載する場合）の個人番号又は法人番号を記載します（個人番号（12桁）を記載する場合は、先頭の1マスを空欄にして、右詰めで記載してください。）。
③支払者は、支払調書を作成する前までに支払を受ける者の個人番号又は法人番号の提供を受ける必要があります。個人番号の提供を受ける場合には、個人番号カード等により、本人確認を行う必要があります。
④提出する方（支払者）が個人の場合には、番号法に定める本人確認のため、次のいずれかの書類の添付をお願いします。
　　・提出者本人の個人番号カードの写し
　　・提出者本人の通知カードの写し及び免許証などの写真付身分証明書の写し
　なお、提出する方（支払者）が法人の場合には、上記書類の添付は不要です。
　　（注）支払を受ける者に支払調書の写しを交付する場合には、番号法の規定により、支払を受ける者及び支払者の個人番号は記載できませんのでご注意ください。

出典：平成27年8月31日 国税庁　「国税分野における社会保障・税番号制度導入に伴う各種様式の変更点」

● 不動産業者である個人のうち、主として建物の賃貸借の代理や仲介を目的とする事業を営んでいる方は、提出義務がありません。個人の大家・地主に支払う家賃などが同一人に対するその年中の支払金額の合計額が15万円以下の場合は提出義務がありません。支払調書の控えの保管期間7年間はマイナンバーを保管する必要があります。マイナンバーの保管数をなるべく減らし、漏えいリスクを小さくするために同一人に対するその年中の支払金額の合計額が15万円以下の場合は支払調書を作成しないようにしましょう。

「不動産の使用料等の支払調書」の提出範囲　［平成26年4月1日現在法令等］

「不動産の使用料等の支払調書」を提出しなければならない方は、不動産、不動産の上に在する権利、総トン数20トン以上の船舶、航空機の借受けの対価や不動産の上に在する権利の設定の対価の支払をする法人と不動産業者である個人の方です。
ただし、不動産業者である個人のうち、主として建物の賃貸借の代理や仲介を目的とする事業を営んでいる方は、提出義務がありません。
「不動産の使用料等の支払調書」の提出範囲は、同一人に対するその年中の支払金額の合計が15万円を超えるものですが、法人に支払う不動産の使用料等については、権利金、更新料等のみを提出してください。
したがって、法人に対して、家賃や賃借料のみ支払っている場合は、支払調書の提出は必要ありません。この15万円には、消費税及び地方消費税の額を含めて判断しますが、消費税及び地方消費税の額が明確に区分されている場合には、その額を含めないで判断しても差し支えありません。
なお、不動産の使用料等には、土地、建物の賃借料だけでなく、次のようなものも含まれます。
　（1）地上権、地役権の設定あるいは不動産の賃貸に伴って支払われるいわゆる権利金、礼金
　（2）契約期間の満了に伴い、又は借地の上にある建物の増改築に伴って支払われるいわゆる更新料、承諾料
　（3）借地権や借家権を譲り受けた場合に地主や家主に支払われるいわゆる名義書換料
また、催物の会場を賃借する場合のような一時的な賃借料、陳列ケースの賃借料、広告等のための塀や壁面等のように土地、建物の一部を使用する場合の賃借料についても、支払調書を提出する必要があります。

出典：「国税庁タックスアンサーNo.7441」より抜粋

21 支払調書作成事務

提出することを要しない支払調書の提出

特定個人情報保護委員会 「マイナンバーガイドラインQ&A」

Q 1-8
支払調書の中には、支払金額が所管法令の定める一定の金額に満たない場合、税務署長に提出することを要しないとされているものがあります。支払金額がその一定の金額に満たず、提出義務のない支払調書に個人番号を記載して税務署長に提出することは、目的外の利用として利用制限に違反しますか。

A 1-8
支払金額が所管法令の定める一定の金額に満たず、税務署長に提出することを要しないとされている支払調書についても、提出することまで禁止されておらず、支払調書であることに変わりはないと考えられることから、支払調書作成事務のために個人番号の提供を受けている場合には、それを税務署長に提出する場合であっても利用目的の範囲内として個人番号を利用することができます。

- 提出することを要しない支払調書にマイナンバーを付して税務署長に提出しても目的外の利用として利用制限に違反しないというガイドラインのQ&Aです。しかし、提出することを要しない金額の分までマイナンバーを管理しなければならなくなります。多くのマイナンバーを扱う場合は漏えいリスクが大きくなりますので、利用制限に違反しないからといってむやみに支払調書を作成しない方がいいでしょう。

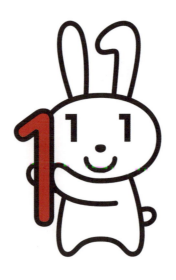

22　お客さまからのお問い合わせ

質問1　マイナンバーの提出方法・確認方法

（弊公益法人に勤務する職員等のほか、弊公益法人の研究会や国際会議に参加する部外の大学等の
研究者に支払う謝金に関するマイナンバーの提出方法）

弊公益法人では、職員のほか、1年間で数回や1回だけ研究会や国際会議に参加する部外の研究者に謝金を支払うことが多いです。
1回だけの参加であっても、年間の支払調書・源泉徴収票のために、マイナンバーを提出してもらわなければなりませんが、相手の部外の研究者からの口頭や手書きやメール文等の伝達では、12桁の番号に誤りがある可能性がありますので、個人番号カードの写しを提出させたほうが、証拠書類として、誤りがないと考えます。
部外の研究者に謝金を支払う時に、個人番号カードの写しを提出させることは、相手の部外の研究者にとって抵抗感があるかもしれませんが、弊公益法人は臆することなく堂々と自信をもって、個人番号カードの写しを提出するよう要求しても大丈夫でしょうか？

質問1について参考になる見解

内閣官房ホームページ「マイナンバー社会保障・税番号制度」よくある質問（FAQ）

Q　4-2-5
税や社会保障の関係書類へのマイナンバー（個人番号）の記載にあたり、事業者は従業員等からマイナンバーを取得する必要がありますが、その際、従業員等がマイナンバーの提供を拒んだ場合、どうすればいいですか？

A　4-2-5
社会保障や税の決められた書類にマイナンバーを記載することは、法令で定められた義務であることを周知し、提供を求めてください。それでも提供を受けられないときは、書類の提出先の機関の指示に従ってください。

特定個人情報保護委員会「マイナンバーガイドラインQ&A」

Q　4-6
従業員や講演料等の支払先等から個人番号の提供を受けられない場合、どのように対応すればいいですか。

A　4-6
法定調書作成などに際し、個人番号の提供を受けられない場合でも、安易に個人番号を記載しないで書類を提出せず、個人番号の記載は、法律（国税通則法、所得税法等）で定められた義務であることを伝え、提供を求めてください。
それでもなお、提供を受けられない場合は、提供を求めた経過等を記録、保存するなどし、単なる義務違反でないことを明確にしておいてください。
経過等の記録がなければ、個人番号の提供を受けていないのか、あるいは提供を受けたのに紛失したのかが判別できません。特定個人情報保護の観点からも、経過等の記録をお願いします。
なお、法定調書などの記載対象となっている方全てが個人番号をお持ちとは限らず、そのような場合は個人番号を記載することはできませんので、個人番号の記載がないことをもって、税務署が書類を受理しないということはありません（国税庁ホームページ「法定調書に関するFAQ」(Q1-3)参照）。
（平成27年10月追加）

- 源泉徴収票や支払調書の作成のためにマイナンバーを記載することは法令で定められた義務であることをマイナンバーを取り扱う事務取扱担当者や責任者は十分理解して従業員や講演料等の支払先等に説明してください。

22　お客さまからのお問い合わせ

質問2　支払調書で50,000円以下の支払者の場合は税務署に提出義務はないので、そもそもマイナンバーの提出を求めなくても良いのですか？

質問2について参考になる見解

下記のとおり、内閣官房に問い合わせ、回答を得ました。
50,000円以下でも税務署に提出する場合はマイナンバーを記載する必要がありますが、税務署に提出しないことを前提にして本人に写しを交付するために使用するためであるならマイナンバーの提出を求めなくても問題ありません。

2015.9.7「内閣官房との質疑応答」

（質問）
報酬、料金、契約金及び賞金の支払調書の写しを本人に送付することについてはマイナンバーガイドラインQ&A5-8-2に「本人の個人番号を含めて全ての個人番号を記載しない措置や復元できない程度にマスキングすれば、番号法上の提供制限の適用を受けない」と記載してあります。
その年中の同一人に対する支払金額の合計額が5万円以下の講演等の謝金に関する支払調書は税務署長へ提出することを要しないと法令で定められています。
マイナンバーの保管負担を考慮して、その年中の同一人に対する支払金額の合計額が5万円以下は支払調書を税務署長に提出しないことにした場合、支払調書の写しを確定申告の確認などのために本人に送付することは可能でしょうか？
税務署には提出しないため、マイナンバーを当初から取得していません。従って、支払者のマイナンバーを記載せず、支払を受ける者のマイナンバーは空欄です。ただし、支払調書として税務署に提出しない書類の写しを本人に送付することになります。
国税庁ホームページの法定調書に関するFAQのQ1-1で、「税法上、本人に対して交付義務のない法定調書について、支払内容の確認などのために本人に対してその写しを交付する行為は、個人番号関係事務に該当しないことから、番号法第19条の特定個人情報の提供の制限を受けることとなるため、本人及び支払者等の個人番号を記載することはできません。」とあります。
マイナンバーガイドラインQ&A5-8-2はこのことに対する具体的方法の示唆と思われますが、いずれも税務署長に提出する前提での話です。税務署長に提出しない前提の話は本来の用途ではありませんが、従前から支払調書の写しを本人に確認のため、送付している慣行を維持したいというお客様のご要望があるため、質問させていただきました。

（回答）
税法上、本人に対して交付義務のない法定調書に関し、その写しを本人に送付する行為は、税務署への提出の要否にかかわらず、個人番号関係事務には該当しませんので、支払額等を記載したものを本人に交付する場合には、個人番号の記載はできません。
なお、従来どおり、支払額等の確認のために、個人番号を記載せずに支払調書に準じた形で支払額等を記載したものを本人に交付することは番号法上問題ないと考えます。

- 報酬・不動産使用料等の支払調書は税法上、本人に対して交付義務がありません。本人に対して交付義務のない文書にマイナンバーを記載して提供すると番号法上の提供制限の適用を受け、番号法違反になりますので注意が必要です。
- 文書を取り扱う法律で控えや写しを本人に交付義務があるのか、ないのかを見極めて対応することが大切です。

質問2について参考になる見解

特定個人情報保護委員会 「マイナンバーガイドラインQ&A」

Q 5-8
支払調書等の写しを本人に送付することはできますか。

A 5-8
個人情報保護法第25条に基づいて開示の求めを行った本人に開示を行う場合は、支払調書等の写しを本人に送付することができます。その際の開示の求めを受け付ける方法として、書面による方法のほか、口頭による方法等を定めることも考えられます。なお、当該支払調書等の写しに本人以外の個人番号が含まれている場合には、本人以外の個人番号を記載しない措置や復元できない程度にマスキングする等の工夫が必要となります。

Q 5-8-2
個人番号を記載しなければ、支払調書等の写しを本人に送付することはできますか。

A 5-8-2
本人の個人番号を含めて全ての個人番号を記載しない措置や復元できない程度にマスキングすれば、番号法上の提供制限の適用を受けないことから、個人情報保護法第25条に基づく開示の求めによらず、支払調書等の写しを本人に送付することが可能です。（平成27年4月追加）

22　お客さまからのお問い合わせ

質問2について参考になる見解

国税庁ホームページ 「社会保障・税番号制度〈マイナンバー〉FAQ」

法定調書に関するFAQ　(2)法定調書関係(給与所得の源泉徴収票) Q　2-1
給与所得の源泉徴収票は、どのように変更になりますか。

(答)
所得税法第226条第1項に規定する給与所得の源泉徴収票については、平成28年1月1日以後に支払うべき給与等に係るものから新様式となり、給与等の支払を受ける者の個人番号、控除対象配偶者の氏名及び個人番号、扶養親族の氏名及び個人番号、給与等の支払をする者の個人番号又は法人番号の記載が必要となります。
ただし、本人に交付する給与所得の源泉徴収票については、個人番号又は法人番号の記載は不要です。
また、上記の変更に合わせ、給与所得の源泉徴収票の様式が現行のA6サイズからA5サイズに変更になりますので、ご注意ください。
(更新理由)
当初、従業員に交付する源泉徴収票等には、その従業員の個人番号を記載することとなっていましたが、平成27年10月2日に所得税法施行規則等の改正が行われ、給与などの支払を受ける方に交付する源泉徴収票などへの個人番号の記載は行わないこととされたため、内容を更新しました。詳しくは、「本人へ交付する源泉徴収票や支払通知書等への個人番号の記載不要について」をご覧ください。

法定調書に関するFAQ　(1)法定調書関係(総論) Q　1-1
本人へ交付する源泉徴収票や支払調書へ番号を記載してよいですか。

(答)
税法上、本人に対して交付義務のある源泉徴収票や支払通知書等について、個人番号(給与所得の源泉徴収票及び退職所得の源泉徴収票については、支払者の法人番号を含む。)の記載は不要です。
なお、税法上、本人に対して交付義務のない法定調書についても、支払内容の確認などのために本人に対してその写しを交付する場合があるかと思いますが、そのような行為は、個人番号関係事務に該当しないことから、番号法第19条の特定個人情報の提供の制限を受けることとなるため、本人及び支払者等の個人番号を記載することはできません。
(参考)
個人情報保護法25条に基づく開示請求による場合等においては、交付を受ける本人の個人番号に限っては提供できる旨、特定個人情報の適正な取扱に関するQ&A(特定個人情報保護委員会)のQ5-7及びQ5-8に記載されています。
(更新理由)
当初、従業員に交付する源泉徴収票等には、その従業員の個人番号を記載することとなっていましたが、平成27年10月2日に所得税法施行規則等の改正が行われ、給与などの支払を受ける方に交付する源泉徴収票などへの個人番号の記載は行わないこととされたため、内容を更新しました。詳しくは、「本人へ交付する源泉徴収票や支払通知書等への個人番号の記載不要について」をご覧ください。

（参考）本人へ交付する源泉徴収票や支払通知書等への個人番号の記載不要について

出典：平成27年10月5日　国税庁
「法定調書提出義務者・源泉徴収義務者の方へのお知らせ」

法定調書提出義務者・源泉徴収義務者の方へのお知らせ

本人へ交付する源泉徴収票や支払通知書等への個人番号の記載は必要ありません！

改正の概要

平成27年10月2日に所得税法施行規則等の改正が行われ、行政手続における特定の個人を識別するための番号の利用等に関する法律（以下「番号法」といいます。）施行後の平成28年1月以降も、給与などの支払を受ける方に交付する源泉徴収票などへの個人番号の記載は行わないこととされました（個人番号が記載不要となる税務関係書類は、以下のものです。）。

なお、税務署に提出する源泉徴収票などには個人番号の記載が必要ですので御注意ください。

（参考）
改正前は、支払を受ける方に対して交付する源泉徴収票などについて、本人等の個人番号を記載して交付しなければならないこととされていました。

個人番号の記載が不要となる税務関係書類
（給与などの支払を受ける方に交付するものに限ります。）

- 給与所得の源泉徴収票
- 退職所得の源泉徴収票
- 公的年金等の源泉徴収票
- 配当等とみなす金額に関する支払通知書
- オープン型証券投資信託収益の分配の支払通知書
- 上場株式配当等の支払に関する通知書
- 特定口座年間取引報告書
- 未成年者口座年間取引報告書
- 特定割引債の償還金の支払通知書

※ 未成年者口座年間取引報告書及び特定割引債の償還金の支払通知書は、平成28年1月施行予定

※ 個人情報の保護に関する法律第25条に基づき、本人から自身の個人番号を含む情報としての源泉徴収票などの開示の求めがあった場合には、本人の個人番号を記載して開示することが可能です。

※ 電子申告・納税等開始（変更等）届出書についても個人番号の記載は不要です。

国税庁

改正についてのQ&A

問1　なぜ従業員に交付する源泉徴収票に個人番号を記載しないこととされたのですか。

答1　本人交付が義務付けられている源泉徴収票などに個人番号を記載することにより、その交付の際に個人情報の漏えい又は滅失等の防止のための措置を講ずる必要が生じ、従来よりもコストを要することになることや、郵便事故等による情報流出のリスクが高まるといった声に配慮して行われたものです。

問2　改正によって、従業員に周知すべき事項はありますか。

答2　従業員に交付する源泉徴収票に個人番号が記載されないため、番号法施行後においても、従来と取扱いは変わらないことを御説明ください。

問3　税務署提出用の源泉徴収票や支払調書などにも個人番号を記載しないこととなるのですか。

答3　今回の改正は、支払を受ける方に交付する源泉徴収票や支払通知書などについて、個人番号の記載を要しないこととなるものであり、税務署提出用には支払を受ける方の個人番号を記載して税務署に提出していただく必要があります。

なお、支払を受ける方から個人番号の提供を受ける場合には、番号法等に定める本人確認を行っていただく必要があります。

⚠ 税務職員を装った者からの年金・マイナンバー制度アンケート等と称する不審な電話や「振り込め詐欺」などにご注意ください。税務職員が年金・マイナンバー制度アンケート等と称して電話することはありません。

22　お客さまからのお問い合わせ

質問3　職員等のマイナンバーの保管方法

（小規模な公益法人に適した費用のかからない方法）
弊公益法人では、小規模のため、セキュリティ対策にお金をかける余裕がありません。
パソコンにマイナンバーを保管すると、標的型攻撃等に対応してセキュリティやパスワード管理が必要になるので、パソコンには保管しないアナログな方法も検討しています。
下記の（1）～（3）の保管方法は、実施する価値のある有効な方法でしょうか？

(1) インターネット回線に接続しないオフライン（スタンドアローン）のパソコンに入れて管理する。ただし、マイナンバーの管理権限のある担当者だけが使用できるようパスワード管理する。
(2) そもそもパソコンに入れない。職員等の個人番号カードの写しを、台帳に手書きで記入し、個人番号カードの写しと台帳を、鍵のかかる金庫に入れて保管する。
(3) 個人番号カードの写しを保管すると、個人番号カードの写しを紛失するリスクがあるので、台帳に手書きで記入が完了したら、個人番号カードをシュレッダーで裁断処分し、台帳だけを鍵のかかる金庫に保管する。

- ネットにつないでいないパソコンで管理することやパソコンに保管しないアナログな管理方法は中小規模の法人にとって多額の費用を投ぜず、かつ最もリスクの少ない対応方法です。パソコンに保管しないアナログな管理方法では、技術的安全管理措置の対応は不要になります。

質問3について参考になる見解

2015.7.27「内閣官房との質疑応答」

（質問）
・番号の入力ミス等があった場合、源泉徴収票を作成した税理士法人または会社宛てに問い合わせをされるのでしょうか？
・お役所同士で解決されるのでしょうか？問い合わせのための保存は回避し、通知カードの写しは「貴重品」なのでシュレッダーをしてしまいたいのですが、いかがでしょうか？

（回答）
・税務署では番号法上、住基ネットにアクセスして住所、氏名、生年月日、性別、個人番号を確認することができます。
　源泉徴収票に記載されている個人番号が住民票記載の住所、氏名、生年月日、性別と異なることが税務署で判明した場合に、源泉徴収義務者が保有する扶養控除申告書などを税務署が確認する場合がありますので、法定の保管期間は保管していただく必要がありますが、番号法に基づく本人確認書類についての保存義務はありませんので、通知カードの写しについては本人確認終了後、適切に破棄していただいて構いません。

質問3について参考になる見解

「特定個人情報の適正な取扱いに関するガイドライン（事業者編）」 P54～56

E　物理的安全管理措置
　　事業者は、特定個人情報等の適正な取扱いのために、次に掲げる物理的安全管理措置を講じなければならない。
　a　特定個人情報等を取り扱う区域の管理
　　　特定個人情報等の情報漏えい等を防止するために、特定個人情報ファイルを取り扱う情報システムを管理する区域（以下「管理区域」という。）及び特定個人情報等を取り扱う事務を実施する区域（以下「取扱区域」という。）を明確にし、物理的な安全管理措置を講ずる。
　　　　《手法の例示》
　　　　　※管理区域に関する物理的安全管理措置としては、入退室管理及び管理区域へ持ち込む機器等の制限等が考えられる。
　　　　　※入退室管理方法としては、ICカード、ナンバーキー等による入退室管理システムの設置等が考えられる。
　　　　　※取扱区域に関する物理的安全管理措置としては、壁又は間仕切り等の設置及び座席配置の工夫等が考えられる。
　b　機器及び電子媒体等の盗難等の防止
　　　管理区域及び取扱区域における特定個人情報等を取り扱う機器、電子媒体及び書類等の盗難又は紛失等を防止するために、物理的な安全管理措置を講ずる。
　　　　《手法の例示》
　　　　　※特定個人情報等を取り扱う機器、電子媒体又は書類等を、施錠できるキャビネット・書庫等に保管する。
　　　　　※特定個人情報ファイルを取り扱う情報システムが機器のみで運用されている場合は、セキュリティワイヤー等により固定すること等が考えられる。
　c　電子媒体等を持ち出す場合の漏えい等の防止
　　　特定個人情報等が記録された電子媒体又は書類等を持ち出す場合、容易に個人番号が判明しない措置の実施、追跡可能な移送手段の利用等、安全な方策を講ずる。
　　　「持出し」とは、特定個人情報等を、管理区域又は取扱区域の外へ移動させることをいい、事業所内での移動等であっても、紛失・盗難等に留意する必要がある。
　　　　《手法の例示》
　　　　　※特定個人情報等が記録された電子媒体を安全に持ち出す方法としては、持出しデータの暗号化、パスワードによる保護、施錠できる搬送容器の使用等が考えられる。ただし、行政機関等に法定調書等をデータで提出するに当たっては、行政機関等が指定する提出方法に従う。
　　　　　※特定個人情報等が記載された書類等を安全に持ち出す方法としては、封緘、目隠しシールの貼付を行うこと等が考えられる。
　　　【中小規模事業者における対応方法】
　　　　○特定個人情報等が記録された電子媒体又は書類等を持ち出す場合、パスワードの設定、封筒に封入し鞄に入れて搬送する等、紛失・盗難等を防ぐための安全な方策を講ずる。
　d　個人番号の削除、機器及び電子媒体等の廃棄
　　　個人番号関係事務又は個人番号利用事務を行う必要がなくなった場合で、所管法令等において定められている保存期間等を経過した場合には、個人番号をできるだけ速やかに復元できない手段で削除又は廃棄する。
　　　→ガイドライン第4-3-(3)B「保管制限と廃棄」参照
　　　個人番号若しくは特定個人情報ファイルを削除した場合、又は電子媒体等を廃棄した場合には、削除又は廃棄した記録を保存する。また、これらの作業を委託する場合には、委託先が確実に削除又は廃棄したことについて、証明書等により確認する。
　　　　《手法の例示》
　　　　　※特定個人情報等が記載された書類等を廃棄する場合、焼却又は溶解等の復元不可能な手段を採用する。
　　　　　※特定個人情報等が記録された機器及び電子媒体等を廃棄する場合、専用のデータ削除ソフトウェアの利用又は物理的な破壊等により、復元不可能な手段を採用する。
　　　　　※特定個人情報ファイル中の個人番号又は一部の特定個人情報等を削除する場合、容易に復元できない手段を採用する。
　　　　　※特定個人情報等を取り扱う情報システムにおいては、保存期間経過後における個人番号の削除を前提とした情報システムを構築する。
　　　　　※個人番号が記載された書類等については、保存期間経過後における廃棄を前提とした手続を定める。
　　　【中小規模事業者における対応方法】
　　　　○特定個人情報等を削除・廃棄したことを、責任ある立場の者が確認する。

出典：平成26年12月11日　特定個人情報保護委員会　「特定個人情報の適正な取扱いに関するガイドライン（事業者編）」

23 マイナンバー取得のために最低限必要な作業

近々に行うこと
マイナンバーを受け入れる必要のある事務と概数の洗い出し

【理想の3点セット】
●従業員などへの利用目的通知 ＋ ●特定個人情報取扱規程 or 業務フロー図作成 ＋ ●就業規則の改訂（従業員10名以上の法人）

【次善の2点セット】
●従業員などへの利用目的通知 ＋ ●特定個人情報取扱規程 or 業務フロー図作成

【応急処置】
●従業員などへの利用目的通知 ただし、早めに特定個人情報取扱規程 or 業務フロー図を作成してください。

- 「就業規則の改訂」では以下のような条項を追加する必要があります。
  - （1）採用時の提出書類の追加と書類徴求の目的通知
  - （2）法人の利用目的の明示（限定列挙）
  - （3）従業員の特定個人情報の取扱義務
    - （ア）業務関連性のない特定個人情報の不取得
    - （イ）職務以外での提示・利用・提供禁止
    - （ウ）部署異動の際のデータ返還
    - （エ）会社に対しての協力義務
    - （オ）労使の特定個人情報の厳格な運用の宣誓
    - （カ）規程制定
  - （4）懲戒事由としての追加
  - （5）損害賠償としての追加
    - （ア）従業員の責任の明確化（故意・重過失）
    - （イ）取引先に対しての責任
    - （ウ）退職（解雇含む）後の義務

- 「就業規則の改訂」は従業員の代表による意見書を付けて労基署に届ける必要があります。従って、相応の時間がかかることを念頭にマイナンバー制度対応に備えましょう。

- 業務フロー図作成は中小規模事業者における対応方法です。

- 特定個人情報取扱規程や業務フロー図を作成しなくても罰則はありません。ただし、マイナンバーが漏えいした時には、当然策定しなければならない規程類の策定を怠っていた訳ですので、特定個人情報保護委員会から指導及び助言あるいは勧告がなされます。

24 就業規則の改訂（挿入案）

就業規則の挿入案	コメント
（採用時の提出書類） 第●●条　労働者として採用された者は、採用された日から＿＿週間以内に次の書類を提出しなければならない。 　①履歴書 　②住民票記載事項証明書 　③自動車運転免許証の写し（ただし、自動車運転免許証を有する場合に限る。） 　④資格証明書の写し（ただし、何らかの資格証明書を有する場合に限る。） 　⑤個人番号カードの写し 　⑥その他会社が指定するもの 2　前項の定めにより提出した書類の記載事項に変更を生じたときは、速やかに書面で会社に変更事項を届け出なければならない。 3　会社は、労働者として採用された者及び労働者に対して、第1項各号の書類の受領より以前に、同書類の提出目的について、説明及び通知をするものとする。	厚生労働省の提示するモデル就業規則の修正です。 厚生労働省の提示するモデル就業規則には、採用時の提出書類の提出目的を従業員に説明するように求めていますが、同項はありません。 そのため、今回の変更で、新設してもいいというレベルの条項です。
（採用決定時の提出書類及び個人情報の利用目的） 第●●条　会社は就職を希望する者の中より、選考試験に合格し、所定の手続きを経た者を従業員として採用する。 2　従業員は採用の際、次の書類を提出しなければならない。ただし、会社が提出を要しないと判断した場合には、下記の書類の一部について提出を免除することがある。 　　（1）履歴書（3ヶ月以内の写真を添付）、職務経歴書 　　（2）健康診断書 　　（3）源泉徴収票（暦年内に前職のある者のみ） 　　（4）年金手帳、雇用保険被保険者証（所持者のみ） 　　（5）個人番号カードまたは通知カード（提示での代替可能） 　　（6）必要により、自動車運転免許証の写し、住民票記載事項証明書、資格証明書の写し、学業成績証明書の写し、卒業証明書の写し 　　（7）その他会社が必要と認めたもの 3　在職中に上記提出書類の記載事項で、個人番号、氏名、現住所、家族の状況等に異動があった場合は速やかに会社に申告すること。 4　第2項の規定に基づき会社の提出された書類（第5号の個人番号カードまたは通知カードを除く）は、次の各号の目的のために利用する。 　　（1）配属先の決定 　　（2）昇降給の決定 　　（3）賃金、賞与並びに退職金の決定及び支払い 　　（4）所得税及び社会保険料の控除 　　（5）人事異動（出向の場合を含む） 　　（6）教育管理 　　（7）健康管理 　　（8）表彰及び制裁 　　（9）退職及び解雇 　　（10）災害補償 　　（11）前各号のほか、会社の人事政策及び雇用管理の目的を達成するために必要な事項	厚生労働省の提示するモデル就業規則とは異なる詳細版です。

就業規則の挿入案	コメント

5 　第2項第5号で取得する個人番号の利用目的は、次の各号の目的のために利用する。
　　なお、社会保障や税の定められた書類に個人番号を記載することは法令で定められた義務であるため、従業員は提出及び利用を拒むことができない。
　　　（1）　給与所得・退職所得の源泉徴収票作成事務
　　　（2）　雇用保険届出事務
　　　（3）　健康保険・厚生年金保険届出事務
　　　（4）　国民年金の第3号被保険者の届出に関する事務

（人事異動）
第●●条　会社は、業務上必要がある場合に、労働者に対して就業する場所及び従事する業務の変更を命ずることがある。
2 　会社は、業務上必要がある場合に、労働者を在籍のまま関係会社へ出向させることがある。
3 　前2項の場合、労働者は正当な理由なくこれを拒むことはできず、そのときは、法令及び会社の指示に従い、自己が保有する情報（特定個人情報を含む）の引継ぎをする。

（遵守事項）
第●●条　労働者は、以下の事項を守らなければならない。
　①許可なく職務以外の目的で会社の施設、物品等を使用しないこと。
　②職務に関連して自己の利益を図り、又は他より不当に金品を借用し、若しくは贈与を受ける等不正な行為を行わないこと。
　③勤務中は職務に専念し、正当な理由なく勤務場所を離れないこと。
　④会社の名誉や信用を損なう行為をしないこと。
　⑤在職中及び退職後においても、業務上知り得た会社、取引先等の機密を漏えいしないこと。
　⑥許可なく他の会社等の業務に従事しないこと。
　⑦酒気を帯びて就業しないこと。
　⑧個人情報及び特定個人情報の取扱いには番号法及び別途当社が制定する番号法に関する規程に従う。 …… 別途、特定個人情報に関する規程の制定を前提にしています。
　⑨その他労働者としてふさわしくない行為をしないこと。

（特定個人情報並びに個人情報の保護）
第●●条　労働者は、会社及び取引先等に関する情報の管理に十分注意を払うとともに、自らの業務に関係のない特定個人情報並びに個人情報を不当に取得してはならない。
2 　労働者は、職務上知り得た特定個人情報並びに個人情報を、職務の範囲を超えて、社内外を問わず他人に提示・利用・提供させてはならない。
3 　労働者は、職場又は職種を異動あるいは退職するに際して、自らが管理していた会社及び取引先等に関するデータ・情報書類等を速やかに返却しなければならない。 …… 人事異動の規程との整合性を検討してください。異動か退職かどちらかのみでもかまいません。
4 　労働者・使用者共に、行政手続における特定の個人を識別するための番号の利用等に関する法律・個人情報保護法やその政令・省令・ガイドラインで定められた規定に従い、厳粛に特定個人情報・個人情報を取り扱うものとする。
5 　特定個人情報取扱規程を別途定めるものとする。

24 就業規則の改訂(挿入案)

就業規則の挿入案	コメント
(解雇) 第●●条　労働者が次のいずれかに該当するときは、解雇することがある。 ①勤務状況が著しく不良で、改善の見込みがなく、労働者として職責を果たし得ないとき。 ②会社の管理する顧客・従業員等の特定個人情報を故意に、または重大な過失により漏えい・流出させたとき。 ③勤務成績又は業務能率が著しく不良で、向上の見込みがなく、他の職務にも転換できない等就業に適さないとき。 ④業務上の負傷又は疾病による療養の開始後3年を経過しても当該負傷又は疾病が治らない場合であって、労働者が傷病補償年金を受けているとき又は受けることとなったとき(会社が打ち切り補償を支払ったときを含む)。 ⑤精神又は身体の障害により業務に耐えられないとき。 ⑥試用期間における作業能率又は勤務態度が著しく不良で、労働者として不適格であると認められたとき。 ⑦第61条第2項に定める懲戒解雇事由に該当する事実が認められたとき。 ⑧事業の運営上又は天災事変その他これに準ずるやむを得ない事由により、事業の縮小又は部門の閉鎖等を行う必要が生じ、かつ他の職務への転換が困難なとき。 ⑨その他前各号に準ずるやむを得ない事由があったとき。 **(損害賠償)** 第●●条　従業員が故意又は重大な過失によって会社に損害を与えたときは、会社は従業員に、その損害を賠償させることがある。また、従業員が損害を賠償したとしても、会社は、原則として、懲戒規程に基づき、懲戒などを行うものとする。 2　従業員が取引先に損害を与えたときは、従業員にその損害を賠償させることがある。 3　従業員の損害賠償の義務は、退職または解雇後においても、免責または軽減されるものではない。	解雇のみではなく、懲戒の全てに挿入することもあり得るところです。

25 マイナンバーの漏えい事案等が発生した場合

特定個人情報の漏えい事案等が発生した場合の報告要領について

○ 報告の概念図（**重大事案又はそのおそれのある事案の報告を除く**）

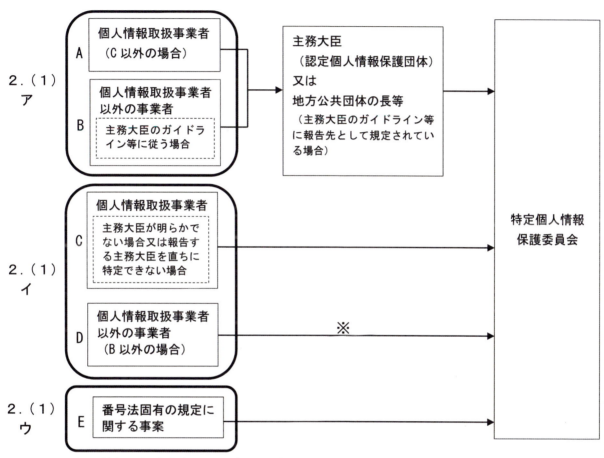

※ 個人情報取扱事業者以外の事業者が報告を要しないケース
　次の①～⑤全てに当てはまる場合
　① 影響を受ける可能性のある本人全てに連絡した場合
　　（本人への連絡が困難な場合には、本人が容易に知り得る状態に置くことを含む。）
　② 外部に漏えいしていないと判断される場合
　③ 従業員等が不正の目的で持ち出したり利用したりした事案ではない場合
　④ 事実関係の調査を了し、再発防止策を決定している場合
　⑤ 事案における特定個人情報の本人の数が100人以下の場合

【報告の方法】
委員会へ直接報告する事案が発生した場合は、郵送で報告してください。
　宛先：　〒107-0052
　　　　　東京都港区赤坂1－9－13　三会堂ビル8階

出典：平成27年9月28日　特定個人情報保護委員会　「特定個人情報の漏えい事案等が発生した場合の報告要領について」

25 マイナンバーの漏えい事案等が発生した場合

○　重大事案又はそのおそれのある事案が発覚した時点で、直ちに特定個人情報保護委員会へ報告してください。（第一報）
　その後、上記の概念図に従って報告してください。

　（注）「重大事案」とは、以下の場合を指します。
　①　情報提供等事務を実施する者の情報提供ネットワークシステムから外部に情報漏えい等があった場合（不正アクセス又は不正プログラムによるものを含む。）
　②　事案における特定個人情報の本人の数が101人以上である場合
　③　不特定多数の人が閲覧できる状態になった場合
　④　従業員等が不正の目的で持ち出したり利用したりした場合
　⑤　その他事業者において重大事案と判断される場合

【報告の方法】
　重大事案又はそのおそれのある事案が発覚した場合は、ＦＡＸで報告してください。
　ＦＡＸ：０３－３５８２－８２８６

出典：平成27年9月28日　特定個人情報保護委員会　「特定個人情報の漏えい事案等が発生した場合の報告要領について」

ここが勘どころ

- 2015（平成27）年9月28日に特定個人情報の漏えい事案等が発生した場合の報告の仕方が定まりました。
重大事案の一つに「④従業員等が不正の目的で持ち出したり利用したりした場合」が挙げられています。
「事業者における特定個人情報の漏えい事案等が発生した場合の対応について」に関するQ&AのQ2-7にあるように特定個人情報を含む資料を自宅に持ち帰った場合などの微妙な事案が起こることが予想されます。作成した特定個人情報取扱規程や業務フロー図の見直しや従業員の教育徹底は大事なことです。ルールを作ったら守られているかを常に把握するように気をつけましょう。

平成27年9月28日　特定個人情報保護委員会
「事業者における特定個人情報の漏えい事案等が発生した場合の対応について」に関するQ&A

Q 2-7

重大事案にある「④従業員等が不正の目的で持ち出したり利用したりした場合」には、従業員が自宅で業務の続きをするために、社内規程に違反して、特定個人情報を含む資料を自宅に持ち帰った場合も当てはまるのですか。

A 2-7

例えば、以下の事例のように、必ずしも「不正の目的」とは言えない目的又は不注意で持ち出してしまった場合などは、基本的には、「従業員等が不正の目的で持ち出したり利用したりした場合」には当てはまらないと考えられます。なお、以下の事例の場合でも、他の重大事案の類型に該当しないか確認する必要があります。

- 個人番号関係事務に従事する従業員が、勤務時間外に入力作業を行うため、社内規程に反して、個人番号が含まれるデータを自宅のパソコンに送った場合
- 従業員が外出先で取引相手から個人番号が記載された書類を受け入れたが、帰社途中に、当該書類を収納した鞄を紛失した場合
- 従業員が自宅に持ち帰った業務用のファイルに、意図せずに、特定個人情報が記載された書類が混入していた場合

規程類のひな型

①特定個人情報取扱規程に関する
　管理体制チェックリスト（サンプル）　　　　　　　72〜73

②特定個人情報の取扱いに関する
　事務チェックリスト（サンプル）　　　　　　　　74〜76

③特定個人情報の取扱いに関する誓約書（ひな型）　　　77

④個人番号利用目的通知書（ひな型）　　　　　　　　　78

⑤国民年金の第3号被保険者の委任状（ひな型）　　　　79

⑥特定個人情報等の適正な取扱いに関する
　基本方針（ひな型）　　　　　　　　　　　　　　80〜81

⑦特定個人情報取扱規程（ひな型）　　　　　　　　82〜87

⑧特定個人情報の取扱いに関する覚書（ひな型）　　88〜89

① 特定個人情報取扱規程に関する管理体制チェックリスト（サンプル）

段階	対応	確認事項	チェック ✓	備考
規程等の整備	特定個人情報基本方針の策定（任意）	基本方針を策定しているか。	☐	
	特定個人情報取扱規程の策定	取扱規程を策定しているか。	☐	
管理体制	個人番号を取り扱う事務の範囲	①給与所得・退職所得の源泉徴収票作成事務 ②雇用保険届出事務 ③健康保険・厚生年金保険届出事務 ④国民年金の第3号被保険者の届出に関する事務 ⑤報酬・不動産使用料等の支払調書作成事務	―	
	事務取扱責任者	役職名 氏名　☐☐☐　☐☐☐	―	
	事務取扱担当者	○○部門： 氏名　☐☐☐　☐☐☐ 　　　☐☐☐　☐☐☐ 　　　☐☐☐　☐☐☐ ○○部門： 氏名　☐☐☐　☐☐☐ 　　　☐☐☐　☐☐☐ 　　　☐☐☐　☐☐☐ 　　　☐☐☐　☐☐☐	―	
	監査責任者	役職名 氏名　☐☐☐　☐☐☐	―	
	取扱区域の確認		―	（例）見取図を参照（担当者・機器の位置等）
	取扱区域の管理	（例）座席配置の工夫	☐	
	管理区域の確認		―	（例）事務所見取図を参照（サーバー・機器の位置等）

段階	対応	確認事項	チェック ✓	備考
	管理区域の管理	(例)(管理区域が個室の場合)鍵の管理を責任者が行う。	☐	
	役職員等の教育		☐	
	事務取扱担当者の監督と取扱状況の確認方法	(例)業務日誌の記録・決裁、監査の実施等	☐	

【参考】
「特定個人情報取扱規程に関する管理体制チェックリスト」は、取扱規程等に基づく管理体制が整備されているかを確認するためのチェックリストです。

＜記載方法＞
① 確認事項欄に自社で実施する安全管理措置等として講じる項目を簡記します。
② チェック欄に安全管理措置等の対策状況をチェックします。
③ 備考欄には、対策の内容等を適宜簡記します。

※赤字部分は記載例です。適宜編集してご活用ください。

② 特定個人情報の取扱いに関する事務チェックリスト（サンプル）

段階	確認事項	チェック ✓	備考
取得	取得する特定個人情報は、個人番号を取り扱う事務の範囲内か。	☐	
	取得する特定個人情報は、特定個人情報の範囲内の項目か。	☐	
	本人又は代理人の本人確認はしたか。	☐	（例） ・個人番号カード （確認した書類をメモ）
	本人確認書類の保存はしたか。	☐	
	業務日誌に取得状況を記録したか。	☐	
利用	利用する特定個人情報は、個人番号を取り扱う事務の範囲内か。	☐	
	利用する特定個人情報は、特定個人情報の範囲内の項目か。	☐	
	特定個人情報ファイルを作成したか。	☐	
	特定個人情報ファイルの管理簿に記録したか。	☐	
	業務日誌に利用状況を記録したか。	☐	
保管・管理	保管する特定個人情報は、個人番号を取り扱う事務の範囲内か。	☐	
	保管する特定個人情報は、特定個人情報の範囲内の項目か。	☐	
	保管する特定個人情報は、法定保存期間を過ぎていないか。	☐	
	法定保存期間を過ぎた特定個人情報を含む書類を保管し続ける場合、個人番号をマスキング又は削除等したうえ保管しているか。	☐	
	書類・磁気媒体等（USB等）は施錠できるキャビネット等に保管されているか。	☐	
	機器は固定されているか。 又は、施錠できるキャビネット等に保管されているか。	☐	

段階	確認事項	チェック ✓	備考
	特定個人情報ファイル等は、パスワードにより保護されているか。	☐	
	情報システムを使用している場合、アクセス権限は、事務取扱担当者・部門長・責任者に限定されているか。	☐	
	情報システムに付与されているユーザーID・パスワードは、適正に管理されているか。	☐	
	情報システム・機器を不正アクセス又は不正ソフトウェアから保護するための対策は取っているか。	☐	（例） ・セキュリティソフトの導入 ・ソフトウェアを最新に更新する。
	特定個人情報をインターネット等により外部に送信する場合の情報漏えい等の防止策を取っているか。	☐	
	特定個人情報を書類で持ち出す場合には、外部から閲覧されないよう措置をとっているか。	☐	
	特定個人情報を郵送等により発送する場合、追跡可能な移送手段を利用しているか。	☐	
	特定個人情報を磁気媒体等又は機器により持ち出す場合、パスワード又は暗号化等の対策はとっているか。	☐	
	業務日誌に管理状況・持出し状況等を記録したか。	☐	
提供	提供する特定個人情報は、個人番号を取り扱う事務の範囲内か。	☐	
	提供する特定個人情報は、特定個人情報の範囲内の項目か。	☐	
	業務日誌に提供状況を記録したか。	☐	
開示・訂正・利用停止	特定個人情報の開示請求は適法かつ合理的か。	☐	
	訂正内容に係る書類を確認したか。	☐	（例） ・住民票の写し等
	訂正の必要を認める場合、保有する特定個人情報を適切に修正したか。	☐	

段階	確認事項	チェック ✓	備考
	第三者提供の停止を求める理由は適法かつ合理的か。	☐	
	第三者提供の停止を認める場合、適切に対応したか。	☐	
	業務日誌へ記録したか。	☐	
廃棄	利用しないこととなった特定個人情報を廃棄したか。	☐	
	書類の廃棄方法は復元不可能な手法か。	☐	(例) ・マスキングのうえシュレッダー細断 ・〇〇運輸により溶解
	データの削除方法は復元不可能な手法か。	☐	(例) ・完全削除ソフトウェア使用
	廃棄の証明書がある場合は保存しているか。	☐	
	業務日誌に廃棄・削除の記録をしたか。	☐	
その他	個人情報保護の観点から適切に取り扱っているか。	☐	
	特定個人情報の漏えい等の事実又は恐れを把握した場合には、責任者に報告したか。	☐	
	特定個人情報の漏えい等の事実又は恐れを把握した場合には、特定個人情報保護委員会及び所管官庁に報告したか。	☐	

【参考】
「特定個人情報の取扱いに関する事務チェックリスト」は、特定個人情報を取り扱う事案ごとに、個人番号の取得から廃棄までの事務を確認するためのチェックリストです。
適宜、欄外に特定個人情報ファイル名や通し番号を付してご利用ください。

<記載方法>
① 確認事項を確認し、チェック欄に取扱規程等の遵守状況をチェックします。
② 必要に応じて、備考欄には実施日や対応した内容等を簡記します。

※ 赤字部分は記載例です。適宜編集してご活用ください。

③ 特定個人情報の取扱いに関する誓約書（ひな型）

特定個人情報の取扱いに関する誓約書

株式会社○○○○御中

平成○年○月○日

　私は、特定個人情報（個人番号〈個人番号に対応し、当該個人番号に代わって用いられる番号、記号その他の符号であって、住民票コード以外のものを含む。番号法第7条第1項及び第2項、第8条並びに第67条並びに附則第3条第1項から第3項まで及び第5項を除く〉をその内容に含む個人情報をいう）の取扱いに関して、以下を遵守することを誓約します。

第1条（義務）
1. 私は、故意もしくは過失に基づき当社が取得、保管する特定個人情報（以下、「当社特定個人情報」といいます。）を紛失、漏えいすることがないようにします。
2. 私は、前項のために、法令、当社就業規則及び当社が別に定める特定個人情報取扱規程に従った方法で当社特定個人情報を取り扱う業務を遂行します。
3. 私は、当社特定個人情報の取扱いに際し、指定場所以外への持出し、不必要な記録や複製及び写真撮影をせず、徹底してその機密情報を守ります。また、業務上の必要のない者（当社従業員を含む。）に対して、口外や情報提供をいたしません。
4. 私は、当社特定個人情報を取り扱う情報システムに定められた電子機器からのみアクセスをします。
5. 私は、当社特定個人情報に関しては、当社を退職した後においても、無期限で、他の事業者その他の第三者のために開示、漏えいもしくは使用しないことを約束いたします。

第2条（損害賠償等）
1. 私は、前条各項に違反した場合、法的責任を負担することを確認し、直接、間接を問わず、これにより当社が被った一切の損害（違反のために必要となる損害拡大防止のために必要となる弁護士その他アドバイザー費用を含む。）を賠償することを約束いたします。
2. 私は、前条各項に違反した疑いが生じた場合、当社特定個人情報の拡散等の損害の拡大を防止するための一切の当社の指示に従います。同指示に従わなかった場合にも、処分及び損害賠償の対象となることを確認します。

住所
氏名　　　　　　　　　印

④ 個人番号利用目的通知書（ひな型）

平成○年○月○日

社員及び社員の扶養家族の皆さまへ

株式会社○○○○

個人番号利用目的通知書

当社は、社員及び社員の扶養家族の個人番号（行政手続における特定の個人を識別するための番号の利用等に関する法律に定める個人番号をいいます。）を以下の目的で利用いたします。

① 給与所得・退職所得の源泉徴収票作成事務
② 雇用保険届出事務
③ 健康保険・厚生年金保険届出事務
④ 国民年金の第3号被保険者の届出に関する事務

⑤ 国民年金の第3被保険者の委任状（ひな型）

委任状

株式会社〇〇〇〇御中

私は、国民年金の第3号被保険者の届出事務に関して、私の配偶者であり、貴社の社員である以下の者を代理人とし、貴社に個人番号を提供する権限を付与します。

平成〇年〇月〇日

　　　　　　　　　　　　受任者　　（従業員名）

　　　　　　　　　　　　委任者　　（従業員の配偶者名）

⑥ 特定個人情報等の適正な取扱いに関する基本方針（ひな型）

特定個人情報等の適正な取扱いに関する基本方針

　株式会社○○○○（以下「当社」といいます。）は、個人番号及び特定個人情報（以下「特定個人情報等」といいます。）の適正な取扱いの確保について組織として取り組むために、お客様及び役職員等の特定個人情報等の保護を重要事項として位置づけ、「特定個人情報等の適正な取扱いに関する基本方針」を以下のとおり定め、役職員等に周知し、徹底を図ります。

1. 特定個人情報等の適正な取扱い
　当社のお客様及び役職員等の特定個人情報等を取得、利用、提供、保管、廃棄するに当たって、当社が定めた取扱規程に従い適正に取り扱います。

2. 利用目的
　当社は、特定個人情報等を以下の利用目的の範囲内で取り扱います。
（1）給与所得・退職所得の源泉徴収票作成事務
（2）雇用保険届出事務
（3）健康保険・厚生年金保険届出事務
（4）国民年金の第3号被保険者の届出に関する事務
（5）報酬・不動産使用料等の支払調書作成事務

3. 安全管理措置に関する事項
（1）当社は、特定個人情報等の漏えい、滅失又は毀損の防止等、特定個人情報等の管理のために取扱規程を定め、必要かつ適切な安全管理措置を講じます。また、役職員等に特定個人情報等を取り扱わせるに当たっては、特定個人情報等の安全管理措置が適切

に講じられるよう、当該役職員等に対する必要かつ適切な監督を行います。

（2）特定個人情報等の取扱いについて、第三者に委託する場合には、十分な特定個人情報保護の水準を備える者を選定するとともに、契約等により安全管理措置を講じるよう定めた上で、委託先に対する必要かつ適切な監督を行います。

4. 関係法令、ガイドライン等の遵守

当社は、特定個人情報等に関する法令（※）、特定個人情報保護委員会が策定するガイドラインその他の規範を遵守し、全役職員が特定個人情報等の保護の重要性を理解し、適正な取扱い方法を実施します。

5. 継続的改善

当社は、特定個人情報等の保護が適正に実施されるよう、本基本方針及び社内規程類を継続して改善します。

6. お問い合わせ

当社は、特定個人情報等の取扱いに関するお問い合わせに対し、適切に対応いたします。特定個人情報等の取扱いに関する質問及び苦情等のお問い合わせ先は以下のとおりです。

　　担当部門
　　担当者
　　電話番号
　　メールアドレス

　　　　　　　　　　　　　　　　　　　　　　　　　　平成〇年〇月〇日
　　　　　　　　　　　　　　　　　　　　　　　　　　株式会社〇〇〇〇

（※）個人情報の取扱い件数が5,000を超える会社においては、4.1行目の「特定個人情報等に関する法令」の前に「個人情報及び」を挿入すること。

特定個人情報取扱規程

株式会社〇〇〇〇

第1章　目的・定義・取扱業務の範囲

（目的）
第1条
　この規程は、行政手続きにおける特定の個人を識別するための番号の利用等に関する法律（以下「番号法」という）及び特定個人情報保護委員会が定める「特定個人情報の適正な取扱いに関するガイドライン（事業者編）」に基づき、株式会社〇〇〇〇（以下「会社」という）における特定個人情報の取扱いについて定める。

（定義）
第2条
　この規程における特定個人情報とは、個人番号（個人番号に対応し、当該個人番号に代わって用いられる番号、記号その他の符号であって、住民票コード以外のものを含む。番号法第7条第1項及び第2項、第8条並びに第67条並びに附則第3条第1項から第3項まで及び第5項を除く。）をその内容に含む個人情報をいう。

（取扱業務の範囲）
第3条
　会社が取り扱う特定個人情報は、原則として以下のとおりとする。
（1）給与所得・退職所得の源泉徴収票作成事務
（2）雇用保険届出事務
（3）健康保険・厚生年金保険届出事務
（4）国民年金の第3号被保険者の届出に関する事務
（5）報酬・不動産使用料等の支払調書作成事務

第2章　組織的安全管理措置

（組織体制）
第4条
　特定個人情報の取扱いについての組織体制は、以下のとおりとする。
事務取扱責任者　総務部部長　〇〇〇〇
事務取扱担当者　総務部　　　〇〇〇〇

（守秘義務）
第5条
1. 特定個人情報を取り扱う全ての者は、徹底した守秘義務の中で業務を遂行しなければ

ならない。
2. 前項を確認するため、特定個人情報を取り扱う全ての者は、会社が定めた誓約書を提出しなければならない。

(責任者の責務)
第6条
　事務取扱責任者は、情報漏えい発生時またはその可能性が疑われる場合には、速やかに社長に報告をするとともに漏えいの拡大を阻止するように対策を講じなければならない。

(情報漏えい時の原因究明)
第7条
　事務取扱責任者は、情報漏えい発生時またはその可能性が疑われる場合には、事後に速やかにその原因を究明して社長及び関係者に報告をしなければならない。

(取扱状況の記録)
第8条
　事務取扱担当者は、以下の特定個人情報等の取扱状況を記録する。
1. 特定個人情報等の入手日
2. 税務分野
　(1) 源泉徴収票・支払調書の作成日
　(2) 源泉徴収票・支払調書の税務署・市区町村への提出日
3. 社会保障分野
　(1) 雇用保険、健康保険・厚生年金保険の各種届出書の作成日
　(2) 雇用保険、健康保険・厚生年金保険の書類・証明書の本人への交付日
4. 特定個人情報等の廃棄日

(取扱状況の確認と安全管理措置の見直し)
第9条
　事務取扱責任者は、定期的に特定個人情報の取扱記録や個人番号台帳及び支払調書資料エクセルを確認し、必要に応じて安全管理措置の見直しと改善に取り組むものとする。

第3章　取得、利用、保存、提供、削除・廃棄

(給与所得・退職所得の源泉徴収票作成、雇用保険届出、健康保険・厚生年金保険届出、国民年金の第3号被保険者の届出、報酬・不動産使用料等の支払調書作成事務フロー)
第10条
1. 役職員等から提出された書類等を取りまとめる方法
　　事務取扱担当者及び事務取扱責任者は、給与所得・退職所得の源泉徴収票作成、雇用保険届出、健康保険・厚生年金保険届出、国民年金の第3号被保険者の届出の作成、報酬・不動産使用料等の支払調書作成に必要な書類(以下「源泉徴収票等」という)を受領したことを確認する。

2. 取りまとめた書類等の源泉徴収票等の作成部署への移動方法
   事務取扱担当者及び事務取扱責任者は、前項の書類を受領した場合には、番号法第16条に従った本人確認を行うものとする。
3. 情報システムへの個人番号を含むデータ入力方法
   事務取扱担当者及び事務取扱責任者は、前項に基づく本人確認を行った場合には、速やかに給与所得・退職所得の源泉徴収票作成、雇用保険届出、健康保険・厚生年金保険届出、国民年金の第3号被保険者の届出事務に関しては個人番号台帳に記載し、報酬・不動産使用料等の支払調書に関しては支払調書資料エクセルに入力するものとする。
4. 源泉徴収票等の作成方法
   事務取扱担当者及び事務取扱責任者は、○○○○（委託先）に源泉徴収票等の作成事務を委託する。
5. 源泉徴収票等の行政機関・健康保険組合等への提出方法
   行政機関・健康保険組合等に源泉徴収票等の法定調書等をデータで提出するに当たっては、行政機関・健康保険組合等が指定する提出方法に従うものとする。給与所得・退職所得の源泉徴収票及び報酬・不動産使用料等の支払調書については○○○○（委託先）から所轄税務署・市区町村へ提出し、雇用保険届出、健康保険・厚生年金保険届出、国民年金の第3号被保険者の届出に関してはハローワーク、○○○健康保険組合、年金事務所へ提出する。
6. 源泉徴収票等の本人への交付方法
   役職員等の本人交付用の給与所得の源泉徴収票については、本人及び扶養親族の個人番号を記載しない措置や復元できない程度にマスキングしたことを確認の上、本人に交付するものとする。雇用保険届出、健康保険・厚生年金保険届出、国民年金の第3号被保険者の届出に関してはハローワーク、○○○健康保険組合、年金事務所から受理した書類・証明書を役職員等に配付する。報酬・不動産使用料等の支払調書に関しては○○○○（委託先）から受領した支払調書の写しを支払を受ける者本人の個人番号を含めて全ての個人番号を記載しない措置や復元できない程度にマスキングしたことを確認の上、報酬・不動産使用料等の支払先に交付する。
7. 源泉徴収票等の控え、役職員等から提出された書類及び情報システムで取り扱うファイル等の保存方法
   個人番号台帳あるいは支払調書資料エクセルに記載されているとおり保存する。
8. 法定保存期間を経過した源泉徴収票等の控え等の廃棄・削除方法
   個人番号台帳あるいは支払調書資料エクセルに記載されている保存期間を経過した源泉徴収票等の控え等は保存期間経過後の毎年度末までに定められた方法で廃棄・削除する。なお、源泉徴収簿等において確認のために保存する必要のある場合は復元できない程度にマイナンバーをマスキングして保存する。

第4章　人的安全管理措置

（役職員等の教育）
第11条
1. 事務取扱責任者は、事務取扱担当者並びにシステム担当者に対して情報管理に関する

教育を定期的に実施する。
2. 前項の規程に関わらず、事務取扱責任者が新たな事務取扱担当者またはシステム担当者を指名した場合、事務取扱責任者は、指名した者に対し、速やかに情報管理に関する教育を実施しなければならない。

（事務取扱担当者の監督）
第12条
　事務取扱責任者は、事務取扱担当者の管理及び監督を行い、運用方法について情報漏えいの可能性がある場合には、是正に向けて指図をしなければならない。

第5章　物理的安全管理措置

（取扱区域と管理区域の管理）
第13条
1. 事務取扱責任者は、特定個人情報ファイルを取り扱う情報システムを管理する管理区域及び特定個人情報の取扱事務を実施する取扱区域を定める。
2. 管理区域について、特定個人情報等ファイルの漏えい等を防止するために入退室制限や入退室記録のための仕組みを構築する。
3. 取扱区域について、特定個人情報の漏えい等を防止するため、壁又は間仕切り等の設置及び座席配置の工夫等を講じる。

（機器及び電子媒体等の盗難防止対策）
第14条
1. 特定個人情報ファイルを取り扱う情報システムが機器のみで運用されている場合は、セキュリティワイヤー等の盗難防止策を講じる。
2. 特定個人情報等を取り扱う電子媒体及び書類の盗難を防止するために、施錠可能なキャビネット・書庫等に保管する。

（電子媒体等の持出し）
第15条
　特定個人情報等が記録された電子媒体又は書類等を持ち出す場合は、持出しデータの暗号化、パスワードによる保護、施錠できる搬送容器の使用等により紛失・盗難等の防止対策を講じる。

（特定個人情報等の削除・廃棄）
第16条
1. 特定個人情報等が記録された書類等を廃棄する場合は、シュレッダー等による記載内容が復元不可能なまでの細断、自社又は外部の焼却場での焼却又は溶解等の復元不可能な手段を採用する。
2. 特定個人情報等が記録された機器及び電子媒体等を廃棄する場合は、専用のデータ削除ソフトウェアの利用又は物理的な破壊等により、復元不可能な手段を採用する。

3. 特定個人情報ファイル中の個人番号又は一部の特定個人情報等を削除する場合、容易に復元できない手段を採用する。

第6章　技術的安全管理措置

（システムのアクセス制限）
第17条
　特定個人情報へアクセスすることができる機器を特定し、その機器を取り扱う事務取扱担当者及び事務取扱責任者を限定する。

（アクセス者の識別と認証）
第18条
　特定個人情報ファイルを取り扱うPC、サーバー等への不正なアクセスを防止するため、事務取扱担当者の識別情報を設定する。

（不正アクセス等の防止）
第19条
　特定個人情報を取り扱う情報システムは、外部からの不正アクセスや不正ソフトウェアから保護する仕組みを講じる。

（情報漏えい等の防止）
第20条
1. 特定個人情報をインターネット等により外部に送信する場合、通信経路における情報漏えい等の防止策を講じる。
2. 情報システム内に保存されている特定個人情報等は、データを保護する等により、情報漏えい等の防止策を講じる。

第7章　委託

（委託）
第21条
1. 会社は、以下に定める業務について税理士、社会保険労務士、人事・財務・経理や給与計算のアウトソーシング会社、ソフトウェア会社等に委託することができる。
    (1) 給与所得・退職所得の源泉徴収票作成事務
    (2) 雇用保険届出事務
    (3) 健康保険・厚生年金保険届出事務
    (4) 国民年金の第3号被保険者の届出に関する事務
    (5) 報酬・不動産使用料等の支払調書作成事務

2. 業務の委託にあたっては、委託先との間で委託契約を締結（特定個人情報の取扱いに

関する覚書を含む）するものとする。

（委託先の監督）
第22条
　会社は、委託先に対して安全管理措置状況等について監督義務を負い、管理状況を1年に1回以上確認する。

（特定個人情報の提供）
第23条
　会社は委託先に対して特定個人情報を提供する場合には、以下の方法で送受信しなければならない。
（1）紙媒体の場合
　　　手交、または書留郵便や宅配便等、配送履歴の追跡が可能な方法を利用する。
（2）電磁的記録の場合
　　　情報セキュリティに守られたシステムを利用し、原則として電子メールによる送受信は行なわない（やむを得ず、電子メールを利用する場合は、添付ファイルにパスワードを付けるなど、対応可能な安全管理措置を徹底する）。

（情報漏えい時の対応）
第24条
　委託先から情報が漏えいした場合には、会社は委託先とともに原因を究明しなければならない。

（削除・廃棄）
第25条
　会社は、委託先において特定個人情報を削除・廃棄をした場合に「削除・廃棄証明書」の発行を求めなければならない。

附則

（規程の改訂）
第26条
　本規程は、必要に応じて改訂を行う。

（実施期日）
第27条
　この規程は、平成〇年〇月〇日から施行する。

⑧ 特定個人情報の取扱いに関する覚書(ひな型)

特定個人情報の取扱いに関する覚書

○○○(以下「甲」という。)と、***(以下「乙」という。)とは、甲が乙に■■■■業務(以下「本件業務」という。)を委託するにあたり、甲から乙に開示又は提供する特定個人情報の取扱いに関して、以下のとおり覚書を締結する。

(定義)
第1条　個人情報とは、甲から乙に開示又は提供される個人に関する情報であって、当該情報に含まれる氏名、住所、生年月日その他の記述又は画像もしくは音声により当該個人を識別できるもの(他の情報と容易に照合することによって当該個人を識別することができるものを含む。)をいい、その開示又は提供媒体を問わない。
　2．個人番号とは、住民票コードを変換して得られる番号であって、当該住民票コードが記載された住民票に係る者を識別するために指定されるもの(個人番号に対応し、当該個人番号に代わって用いられる番号、記号その他の符号であって、住民票コード以外のものを含む。以下同じ。)をいう。
　3．特定個人情報とは、個人番号をその内容に含む個人情報をいう。

(特定個人情報の適切な取扱い)
第2条　乙は、特定個人情報を甲の機密事項としてその保護に努め、これを適法かつ適切に管理、取り扱うものとする。

(利用目的)
第3条　乙は、特定個人情報を、本件業務の遂行のためにのみ利用するものとし、番号法により例外的取扱いができる場合を除き、その他の目的には利用しないものとする。

(第三者への非開示等)
第4条　乙は、特定個人情報を、両当事者以外の第三者に開示又は漏えいしないものとする。
　2．乙は、特定個人情報の紛失、破壊、改ざん、漏えい等の危険に対して、合理的な安全管理措置を講じるものとする。

(特定個人情報の持出し)
第5条　乙は、特定個人情報の記録された磁気媒体等又は書類等を持ち出す場合は、安全管理措置を講じるものとする。

(従業者に対する監督・教育)
第6条　乙は、従業者が特定個人情報を取り扱うにあたり、必要かつ適切な監督を行うも

のとする。
2. 乙は、従業者に対し、特定個人情報の適正な取扱いを周知徹底するとともに適切な教育を行うものとする。

（再委託）
第7条　乙は、本件業務を、甲の許諾を得た場合に限り第三者に再委託できるものとする。
　2. 乙は、甲の許諾を得て第三者に本件業務を再委託する場合においても、当該第三者に対し本覚書と同様の義務を課すものとし、当該第三者の行為につき、甲に対し当該第三者と連帯して責めを負うものとする。

（管理状況の報告・調査）
第8条　乙は、本件業務の状況について甲の求めに応じ報告しなければならない。
　2. 甲は、乙の事業及び乙の甲以外の契約先に提供するサービスに支障が生じない範囲で本件業務の状況を調査できるものとする。

（事故発生時の措置）
第9条　乙は、万が一特定個人情報の紛失、破壊、改ざん、漏えい等の事故が発生した場合には、直ちに甲に通知するとともに、当該事故による損害を最小限にとどめるために必要な措置を、自らの責任と負担で講じるものとする。
　2. 前項の場合には、乙は、発生した事故の再発を防ぐため、その防止策を検討し、甲と協議の上決定した防止策を、自らの責任と負担で講じるものとする。
　3. 万が一、乙において特定個人情報の紛失、破壊、改ざん、漏えい等の事故が発生し、甲が第三者より請求を受け、また第三者との間で紛争が生じた場合には、乙は甲の指示に基づき、自らの責任と負担でこれに対処するものとする。この場合、甲が損害を被った場合には、甲は乙に対して当該損害の賠償を請求できるものとする。

（特定個人情報の返還）
第10条　乙は、甲からの本件業務の委託が終了したときは、速やかに甲から提供された特定個人情報及びその複製物を返還するとともに、磁気媒体に記録した特定個人情報がある場合には、これを完全に削除し、以後特定個人情報を保有しないものとする。

上記合意の証として本書2通を作成し、甲乙記名捺印の上、各1通を保有する。

　　　　　　　　　　　　　　　　　　　平成　年　月　日　　　甲

　　　　　　　　　　　　　　　　　　　　　　　　　　　　　　乙

辻・本郷 税理士法人

事業承継　資産承継
- 相続税・贈与税申告
- 営業譲渡
- 持株会社設立
- 従業員持株会の組成
- 自己株式譲渡
- 金庫株の取得
- 株式交換・株式移転
- 会社合併・会社分割

法人・個人　税務顧問
- 法人税務顧問
- 個人税務顧問
- 株式公開のための諸準備
- キャッシュフローを重視したタックスプランニング

医療顧問
- 新規開業支援業務
- 経営相談業務
- 事業承継業務
- 会計税務業務
- 医療法人設立業務
- 人事労務業務

辻・本郷 税理士法人 HR室 ／ 社会保険労務士法人 辻・本郷

オーダーメイド型 人事・財務・経理のワンストップアウトソーシング

人事関連業務	給与計算／社会保険手続き／人事制度の構築
月次決算業務	証憑類のファイリング／仕訳入力／試算表作成
日常業務	支払業務（立替経費の清算）／資金管理・販売管理・購買管理／固定資産管理関連会社の経理サポート

外資系企業等の一括アウトソーシング

辻・本郷 ITコンサルティング株式会社

- ITコンサルティング（IT戦略、BPR、業務改善、情報セキュリティ管理等）
- 経理・財務システムの評価、分析、構築
- ERP、CRMシステム導入、構築
- 運用管理のIT支援（データセンターサーバー運用管理等）

【執筆スタッフ】

林 隆（はやし・たかし）

1956年、東京都出身。1981年、商工組合中央金庫入庫。1999年、外資系コンサルティング会社入社。2010年、辻・本郷 税理士法人入社。
約500社のプライバシーマーク付与認定支援の経験があり、金融機関・上場企業・中小規模法人向けにマイナンバー制度の実務対応セミナーやコンサルティングを実施している。

マイナンバー制度 実務対応ハンドブック

2015年11月18日　初版第1刷発行
2015年12月2日　初版第2刷発行

編著	辻・本郷 税理士法人
	社会保険労務士法人 辻・本郷
	辻・本郷 ITコンサルティング株式会社
発行者	鏡渕　敬
発行所	株式会社 東峰書房
	〒102-0074　東京都千代田区九段南4-2-12
	電話 03-3261-3136　FAX 03-3261-3185
	http://tohoshobo.info/
イラスト	道端 知美
印刷・製本	株式会社 シナノパブリッシングプレス

©Hongo Tsuji Tax & Consulting 2015 Printed in Japan
ISBN 978-4-88592-174-2　C0034